银行理财经理
业绩提升动作分解

殷国辉　蒋湘林◎著

廣東旅游出版社
GUANGDONG TRAVEL & TOURISM PRESS
悦读书·悦旅行·悦享人生

中国·广州

图书在版编目（CIP）数据

银行理财经理业绩提升动作分解 / 殷国辉，蒋湘林著. — 广州：广东旅游出版社，2021.10

ISBN 978-7-5570-2581-6

Ⅰ. ①银… Ⅱ. ①殷… ②蒋… Ⅲ. ①银行 – 金融产品 – 营销 Ⅳ. ①F830.4

中国版本图书馆 CIP 数据核字（2021）第 175196 号

出 版 人：刘志松
责任编辑：梁 坚
责任校对：李瑞苑
责任技编：冼志良

银行理财经理业绩提升动作分解
YINHANG LICAI JINGLI YEJI TISHENG DONGZUO FENJIE

广东旅游出版社出版发行
（广州市荔湾区沙面北街 71 号 邮编：510130）
印刷：北京晨旭印刷厂
（北京市密云县西田各庄镇西田各庄村）
联系电话：020-87347732　　邮编：510130
787 毫米 × 1092 毫米　16 开　15 印张　160 千字
2021 年 10 月第 1 版第 1 次印刷
定价：59.80 元

推荐序

Preface

国辉老师和我是三年的同事，为人就像他的姓氏，殷实而诚恳。

经济社会通常都是从制造业开始成长的，接着就是服务业、金融业、物流业。具体来说，还包括房地产、旅游、娱乐、保健等行业。其中，金融业又是其他各大行业的最大支持者，因为这是一个货币经济时代。

我国的各大银行，加上农村信用社，其数量几乎是美国的10倍、欧洲的15倍。虽然我国人口众多，幅员辽阔，但仍无法避免出现激烈竞争的状况。特别是随着互联网产品的出现，更对银行营销人员提出了更高的要求。

改革开放至今已有四十余年，但传统的营销思路仍然制约着大多数的业务人员或主管，导致出现市场疲软的现象。银行营销人员作为人与人之间交流沟通的重要渠道，具有互联网替代不了的亲近感。互联网只是工具，人与人的沟通交流才是营销的基本原则。

国辉老师一方面亲身接触银行人员，熟知很多银行营销案例，一方面又担任银行咨询师，探讨过不少行销瓶颈；再加上他本人也登台讲授金融课程，现在他将自己的心得感悟汇集成卷，供我们学习参考，自是非常值得一读。

——佘世维

写在前面的话

Foreword

时势造英雄，过去的15年，中国银行业缔造了一个个行业奇迹。

银行业突飞猛进式的发展与经济关系密切。中国的GDP年均速度迅猛增长，这种难得一遇的环境，使银行业尽情地享受经济增长所带来的红利。城市金融研究所的研究数据表明，未来中国经济将转入中速增长。经济增速的放缓，将导致对银行信贷需求和其他金融服务需求增长的逐步下降，从而使国内银行主要依靠规模扩张的增长方式难以为继。

与此同时，随着金融市场的开放，互联网金融等各类竞争主体的参与和博弈，将导致银行业以更高成本来竞争稀缺的优质业务资源。在竞争进一步加剧的背景下，对银行打造营销团队的综合能力也提出了更为迫切的要求，优秀营销思想与实战营销技巧的传播在此时也变得尤为重要，本书的横空出世，缘起于此。

据不完全统计，目前全国各银行的专职营销业务人员保守估计已经超过20万人，而10年前从事这样岗位的人员还寥寥无几。中国从来不乏硬件复制的能力，但软件的成熟难以在朝夕之间一蹴而就，营销队伍的建设可以说是一项长期而艰巨的工作！

综观各家银行，营销团队都做着一件共同的事情——营销！但此营销非彼营销，他们做的未必是真正的营销。营销与推销虽然只有一字之差，但带来的结果有着天壤之别。

推销，靠的是口若悬河，拼的是死缠烂打，最终与客户渐行渐远。营销，靠的是运筹帷幄，拼的是以人为本，最终与客户成为莫逆之交。二者的差别何在？任何成功都是看似偶然的必然。营销的成败在于心，心生万法，起心动念是一切的根源，更是营销成败的关键基因。“菩萨畏因，众生畏果”。营销庸手往往一味求果，而营销高手重在修因，故本书不仅仅传授营销的法与术，更希望您能从中体会到营销的道，品味出营销的正知、正见、正觉。

营销不是请客吃饭！任何不以解决难题为目的的学习都如同隔靴搔痒。如果说营销是一场不见硝烟的战争，那最好的学习方式就是从战争中学习战争。

本书历时近15年，通过对30多家银行的200多位一线营销人员的观察与访谈，汇集众家智慧于一册，对营销人员关心的品牌、渠道、产品、客户等问题，诸如自身产品收益低、亏损客户难续单、产品价格贵于他行、活动没有他行丰富等，从案例与方法多个角度做出解读，希望能够抛砖引玉。当然，是否能够举一反三，这有待于您的身体力行。

学海无涯苦作舟！如果一本书只有枯燥的教条，恐怕它只能被束之高阁，被尘土掩盖。成年人学习讲究学以致用，为了增加阅读的乐趣，本书的每一章，均采用案例导入的方式，用幽默诙谐的语言，讲营销者身边的案例，继而引出要阐述的方法论，并且在最后予以总结，强化记忆。希望以此实现读者乐在读书，乐在学习。

“如人以手，指月示人，彼人因指，当应看月。若复观指，以为月体，此人岂唯亡失月轮，亦亡其指。”真理如天上明月，而文字只是手指，希望本书能够成为您的指月之指。

目　录

Contents

第一章

客户开发：通过六大营销模式吸引客户

模式①——联动营销 // 006

情景案例　柜员与客户经理协同作战，单日完成定投 61 笔

模式②——沙龙营销 // 017

情景案例　3 小时银行沙龙产生 33 份保单

模式③——路演营销 // 023

情景案例　小区活动巧设计，妙用小品卖保险

模式④——跨界营销 // 029

情景案例　2000 万元存款源于一句“保姆素质差”

模式⑤——讲堂营销 // 036

情景案例　医院变成了银行的提款机

模式⑥——陌生拜访营销 // 041

情景案例 刁蛮老总开了 15 张信用卡

第二章

建立信任：客户信任你，才会买你的产品

理财人员不被信任的四大因素 // 053

情景案例 大客户拂袖而去究竟为何

扮演客户期待的角色 // 060

情景案例 季末大额取现的巧妙挽留

用满意服务给自己加分 // 068

情景案例 无优势银行如何打造核心竞争力

巧妙沟通，打动人心 // 077

情景案例 穷追猛打丢客户的董经理

建立信任的“三说”技巧 // 087

情景案例 大堂经理苗遇春如何成为“大众情人”

第三章

需求挖掘：客户有需求，才会有购买欲望

需求挖掘的核心思维——因果理论 // 099

情景案例 保险营销的绝处逢生

破解“见光死”的“三不说”技巧 // 112

情景案例 网银营销屡战屡败的董小峰

需求挖掘三宗“最” // 117

情景案例 人民币理财的电话营销

医生式营销四步法 // 126

情景案例 破解保险营销“开口死”

第四章

产品介绍：有针对性地为客户做产品推荐

产品介绍五大乱象 // 139

情景案例 “见光死”的产品介绍

产品介绍要与客户需求相匹配 // 144

情景案例 贵金属营销高手的长命锁营销

产品介绍的 SCBC 法则 // 153

情景案例 “非主流”的产品专家

卖点提炼的四点合一 // 159

情景案例 巧用保险不可替代的卖点

第五章

交易促成：找准客户拒绝理由，对症下药

揭开拒绝的面纱 // 177

情景案例 网银营销如何找到拒绝源点

拒绝处理五大错 // 188

情景案例 货币基金的辩论赛

分辨真假异议 // 194

情景案例 破解客户常用语“我没时间”的死穴

化解异议 // 202

情景案例 如何解开理财收益低的死结

交易促成 // 221

情景案例 以退为进的定投营销策略

第一章 **客户开发：**
通过六大营销模式吸引客户

初听“上兵伐谋，其次伐交，其次伐兵”，不解其意。仔细领悟，才知道：上等的军事行动是用谋略挫败敌方的战略意图或战争行为，其次就是用外交手段战胜敌人，再次是用武力击败敌军。匹夫之勇历来被看作最低等的做法。今天的银行营销，若缺少了策略与模式的思考，简直是画地为牢。营销第一步，谋定而后动，所以，第一章先聊聊如何找到目标客户。

说起银行营销的难题，不少营销人员会不约而同地把一句话挂在嘴上，那就是：“我没有客户呀！”是呀，巧妇难为无米之炊，如果手中没有客户，那怎么去营销呢？但仔细想想，银行有那么多休眠客户躺在那里“呼呼地睡大觉”，我们是真的没有客户，还是缺少发现客户的眼睛呢？如果无法发现与唤醒客户，那么即使你拥有再多的客户，都会感觉像没有客户一样，反之，当生发出发掘客户的灵感后，即使拥有再少的客户，你仍能点石成金！

记得有一次，我准备以暗访者的身份到某银行网点调研营销情况。为此，我扒拉出衣柜中最体面的衣服，衣冠楚楚地到了网点，闲庭信步地踱到黄金展柜前面，背着手，弯着腰，低着头，认真地看着里面的金条。闭上眼睛想象一下吧，得体的打扮再配上气宇轩昂的淡定，给人的感觉像不像一个大客户？面对这样的客户，有没有商机？换成是你，也许你一个箭步就冲了上去，滔滔不绝地开始一通疯狂营销了。但那个网点的营销人员着实让人大跌眼镜，我低头看了十几分钟，没一个工作人员过来介绍产品！这姿势可真不好摆，腰酸得实在扛不住了，我偷偷用眼向左右瞄了一下，想看看大堂经理在忙什么。好家伙，大堂经理也是弯着腰，低着头，在干什么呢？在聚精会神地拖地，在一丝不苟地打扫等候区，那可是相当地投入，愣是没有看到我这个商机客户。就在我纠结是继续坚持还是放弃时，她终于和我说话了。是什么让大堂经理的态度发生了变化？原来，她拖地拖到了我这个区域，横眉冷对地说："先生，没看到拖地吗？让一下，让我把地拖完后你再看！"一瞬间，我的腰倒是不酸了，腿也不疼了，只是脑袋有些发涨！

银行是不缺客户的，不管是存量还是流量，客户多得都维护不过来了，缺的是营销的意识和正确的思维。希望这本书像一根火柴，凭借着微弱的小火苗，点燃你对营销的正知正见。

在客户开发这个环节，为便于知识的归纳和记忆，我们将分别从厅堂、社区、职场这三个方面来分析如何更好地开发客户。每一个方面，我们都将讨论两种营销模式，一共为六种营销模式（见表 1-1）。

表 1-1　六种营销模式

厅堂营销	社区营销	职场 / 商圈营销
模式一：联动营销	模式三：路演营销	模式五：讲堂营销
模式二：沙龙营销	模式四：跨界营销	模式六：陌生拜访营销

为了更好地活学活用，友情提醒以下几点。

（1）虽然划分了区域，但这些营销模式不仅仅局限于此。几年前帮助银行办沙龙时，我发现银行没有太多的资源和客户，多数都是在银行网点内部举办沙龙，所以就姑且这样划分了。虽然现在与那时候形势已经有所不同，但按照习惯我依然这么划分了。可是发生在厅堂的场景会不会发生在职场呢？会不会发生在社区呢？答案显而易见：会的。比如，跨界营销、陌生拜访营销等均可应用于多个区域。

（2）这些营销模式把客户开发的群体锁定为三类，分别是存量、流量、增量。我们先来了解一下概念：所谓存量，就是已经在网点开户，有档案、有交往，但没有产生深度关系的客户；所谓流量，指的是网点里每天进进出出的客户；所谓增量，指的是还没有在网点开户的目标客户群体。

下面我们将通过这六种营销模式来介绍如何在厅堂、社区、职场三大区域开展营销。

模式①——联动营销

情景案例

柜员与客户经理协同作战，单日完成定投 61 笔

“请 B603 号客户到五号柜台”，声音刚落，只见客户已经坐在了柜台前的椅子上，柜员王笑天微笑着询问客户办理什么业务。原来是位来理财开户的客户。王笑天接过后笑着对客户说：“马上为您办理业务，因为要输入您的信息，需要三五分钟的时间，请您稍等！”客户面无表情地说了声：“快些办就好！”王笑天一边说着“请您放心，一定尽快完成”，一边把一块透明的有机玻璃板竖在了柜台前，说道：“这是最近很多客户比较关注的特色服务，您可以利用等候的时间看一下！”说完就赶紧埋头打字了。这块牌子正好放在客户的正前方，距离客户不到 20 厘米的距离，和客户的眼睛在同一高度，恐怕客户想不看都难。这到底是一块什么样的牌子呢？这牌子可是有官方大名的，叫作“顺势营销牌”。顾名思义，就是借助客户等候的间隙进行营销。

办理完业务后，王笑天对客户说：“您的业务已办理完毕，看您对我们的牌子看得还是挺仔细的，您所看的第三项服务是

我们最近针对很多客户反映存定期收益低推出的，它的收益是活期存款收益的20倍，很适合需要灵活使用资金且希望收益高的客户……”王笑天一边讲，一边观察客户的反应，客户没有拒绝，但面无表情。王笑天猜想客户也许对此兴趣不大，就准备把顺势营销牌放到一边，把证件等递给客户，为下一位客户办理业务。就在王笑天收回牌子的时候，却发现客户的目光随着牌子在移动，同时还身体前倾。

这无疑是一线曙光，王笑天赶紧把牌子放回原位，继续向客户介绍。随着王笑天的介绍，客户终于开口了：“这种产品风险高不高？”这无疑是客户透露出感兴趣的信号，听到这里，王笑天赶紧进入联动营销的转介环节，对客户讲：“我们有资深的理财经理，他是理财方面的专家，咱们市电视台的主持人都经常向他了解最新的理财资讯，他平时很忙，都不在网点，今天正好还没有出去，他可以很清楚地解答您的疑惑，多一些了解总会多一些更好的机会，我请他为您介绍下吧！”客户点了点头。王笑天赶紧用叫号机呼出“请8888号到五号柜台！”理财经理来到了柜台，王笑天介绍他们认识后，讲清了客户需求，然后把证件递给了客户，客户随理财经理前往理财室详细了解这款产品。

这就是联动营销的方式。浙江金华某银行采用联动营销方式后，最高纪录达到单日营销定投61笔。浙江舟山某银行采用此类方法后，单日营销信用卡达112张。

如何利用客户等候间隙做营销，思考这一问题的银行不在少数，并且不少银行已迈出了实践的第一步，只不过更多时候，他们递过去的是一张折页。折页与顺势营销牌有什么区别呢？传统的折页存在三个弊端。第一是产品单一，商机易失。一个折页一个产品，如果客户没兴趣，就失去了一次吸引客户的机会。第二是千篇一律，缺少差异，难以引起客户兴趣。第三是折页上面字多图少，也许设计者的初衷是寄希望于客户看了折页之后，不仅能够明白是什么产品，而且对产品产生兴趣，还能够消除自己的疑问和困惑，强化购买的信心，最后产生购买行为。这种想法无异于刻舟求剑，客户的心理瞬息万变，而折页的核心价值并非知识的传播，而是兴趣的引发。有了兴趣，营销人员可不是摆设，他们会完成后续的营销工作。如果文字太多，结果会适得其反，客户反而没有看下去的兴趣了。

如何解决这些问题呢？顺势营销牌的出现，使这些难题有了解决之道。

在等候间隙摆放顺势营销牌，让客户在等候过程中有东西可看，既降低了客户因无聊而引发烦躁感的可能性，又对产品起到了宣传作用，为营销做了铺垫。柜员在业务办理完毕时，通过有技巧的询问激发客户了解产品的兴趣。可能柜员会说："后面还有排队的客户，我没有时间营销呀！"没错，之所以将其称为联动营销，是因为柜员在这个链条中所发挥的价值是识别客户的商机，只要客户有了了解的意向，阶段工作就已基本完成。下面就要快速转介到理财经理这边了。

在这个环节中，柜员要把握好"三分钟原则"。也就是柜员向单个客户的营销时间要把握在三分钟之内，如果客户有意向，柜员就要尽快将其转介给理财经理。如果客户没意向，那就看一下客户价值。如果是目标大客户，就争取留下客户电话；如果是一般客户，就赶紧把业务办理好，把营销的热情放在下一个客户身上，毕竟营销讲究缘分和概率，柜员不可能与每一个前来办业务的客户都成交。

那么，具体来说，顺势营销牌要如何制作和使用呢？

◌ 顺势营销牌制作原则

颜色：色彩鲜艳，红黄绿蓝

顺势营销牌一般是聘请专业的色彩专家指导设计的。图片中大量运用红色、黄色、绿色、蓝色等鲜艳色彩，不仅能吸引人的注意力，同时，明快的色调还会给人带来轻松愉悦的感觉。

图片：字少图多，快乐观赏

别再走传统折页文字堆砌的老路了，如果那样做的话，客户是会从心里感觉到恶俗的。为了提高客户的观赏兴趣，牌子上 70% 的空间应该放图片，30% 的空间放文字。那如何介绍产品呢？每个产品的文字介绍不要超过两行，第一行是适合客户、产品名称、产品代码等，第二行是宣传语，针对目标客户，挖掘核心卖点，一语中的。

素材：贴近生活，适应节日

连国家领导人都有卡通形象了，再用货币、金条、走势图等看似“高大上”的金融插图的话，就 out 了！赶紧走亲民路线吧，在图片的选择上，最好能做到接地气，不同节日、不同热点、不同氛围，选择相应的图片，配图最好突出温馨可爱的调性。

制作顺势营销牌时，可谓八仙过海，各显神通。画工好的就玩手绘，画工不好，可以试试贴图。如何贴图？找一些网站上公开无版权纠纷的图片下载下来，贴在顺势营销牌上，和传统的折页比起来，这种做法更具有吸引眼球的效果。

产品：众口可调，不超四个

产品是不是越多越好呢？现实经验告诉我们，并非如此。为避免多数人的选择困难症，一般一个牌子展示3~4个产品即可。应该放哪些产品呢？可按照贵宾客户、中产客户、基础客户这三种不同类型的客户来设计主推产品，也可按照电子渠道、百姓理财、增值投资这样的分类来设计主推产品，还可按照网点中的关键考核任务来设计主推产品。这样，一个牌子提供了多种产品，兼顾了多个受众群体不同的金融产品需求，丰富了产品的多样性，可大大提高营销的成功率。

广告：一语中的，通俗易懂

短信通是什么？基金宝是什么？银保通是什么？纸黄金是什么？这些我们再熟悉不过的产品，对客户而言，他们也许会一头雾水。在顺势营销牌中，每个产品均应根据其产品的核心特色来提炼关键卖点，形成一句言简意赅的广告语，让客户很容易理解产品能够给自己带来的价值。

◌ 顺势营销牌使用要领

时机：等候间隙，顺势摆放

柜员在为客户办理业务时，只要客户等候时间超过 10 秒钟，就可以使用顺势营销牌开展营销。

使用：动态使用，切忌不动

不少银行也有类似的宣传牌，只不过摆在了高柜的外面，这就有些不太靠谱。即使你看到了商机客户，在业务办理间隙又如何进行营销呢？用手指着牌子说：“哎，大哥，你看一下，那个产品不错！”试想下这样的场景，客户会看吗？如果你发自内心地希望营销成功，请切记四个字：动态使用。这就意味着顺势营销牌不是摆在外面做摆设的，而是要摆在高柜里面，以便随时将其摆在等候的客户面前，虽然隔着玻璃，但效果比静静地摆在外面要好很多。

语术：放有推介，取有推动

着实见过不开窍的柜员，放的时候倒是动了，但是一句话没有说就把牌子摆到客户面前了，让客户感觉莫名其妙。正确的做法是，放的时候要有一句推介语，以吸引客户看牌子。取牌子的时候亦是如此，并不是办理业务的间隙时把牌子放上，办完业务把牌子取下就完事了。柜员的核心目的是发现商机客户，激活客户兴趣，然后将其转介给理财经理。所以为提高营销成功率，取牌子的时候同样需要有一句推动语。至于如何去说，后文会详细介绍。

更换：周换产品，月换版面

天天讲一个产品，连柜员自己都会腻。在两周时间内，也基本上把常来的客户都“扫荡”得差不多了，如果还想让大客户继续购买，请考虑换个产品推介吧。某银行把每月的第二周定为“定投周”，其思路不外如是。所以，建议银行顺势营销牌每周要换一次产品，每月更换版面，有新意才会有吸引力。如果创新元素比较匮乏，那么持续两个月就会失去吸引力。别等到客户流露出不屑的表情时才开始有换产品的想法。

数量：人手一牌，海报两块

不仅仅是柜员，包括大堂经理桌、理财经理和网点负责人的办公桌上面，都要摆上一块顺势营销牌，便于随时向客户介绍。可别小看了这块小小的顺势营销牌，在金华某银行，正是因为顺势营销牌吸引了一位六十多岁的老人，最后成功地营销了定投。同时，建议把顺势营销牌放大，如同网点平时张贴的海报大小，要做两个，一个放在叫号机旁边，一个放在等候区前方，这两个地方是客户在网点的关键触点，能打捞到不少意向客户。

◌ 联动营销四步骤

等候间隙放牌子

利用客户等候间隙，摆出你的顺势营销牌。但是据观察，光摆出来还不行，搞不好客户会感觉莫名其妙，要讲出一句可以吸引客户看牌子的话。这句话怎么讲呢？给大家举个例子，比如，你可以说“我帮您办理业务，您需要等候两分钟，如果您感觉存款的收益太低了，这上面有高收益的产品，收益是活期存款的十几倍，您了解一下吧”“……这是我们行里的理财专家特意挑选出来的理财产品，您了解一下吧”，或者说“……这是我们行里最受客户欢迎的理财产品，很多人都在购买，您了解一下吧”，或者说“这上面的产品是我们特意为客户挑选出来的，很适合大众理财，您了解一下吧”，说得再直白一点，“第二个产品非常适合追求稳健收益的客户，您看一下吧”。

处理完业务讲产品

处理完业务，需要取下牌子时，应该跟客户说一句什么样的话呢？有人是这样问的：“您对产品感兴趣吗？”如果你采用这种问法的话，那被拒绝的可能性是50%，干吗给自己找不痛快呢！这时候建议直接切入，可以拿着牌子问客户：“看您看得挺认真的，我给您介绍一下这个产品吧……”如果客户没兴趣，他自然会打断你：“还是算了，今天赶时间。”或者会说“没啥兴趣”等等。至于如何具体地对待被拒绝这个问题，想必柜员在营销中遇到的拒绝比认可要多得多。

柜员由于岗位的特殊性，无论营销能力有多出众，如果等待办理业务的人很多，则注定不能有太久的营销时间。我见过不少柜员，进入营销状态后就难以自拔，滔滔不绝地讲了十几分钟，忘记了本职工作，忽略了其他客户，以致客户怨声载道。在此，建议柜员不要在单个客户上消耗太多时间。如果客户拒绝，请放下牌子，停止营销，快速处理业务，换下一个客户继续一句话营销。

有的柜员说："我的骨子里天生有挑战的基因，我非要摆平这个客户不可。"如果你有这样的想法，那我提个建议，请切记三分钟原则。什么意思？如果后面没有等待的客户也就罢了，如果后面有客户在等待，柜员营销的时间就变得非常宝贵。

如果三分钟还搞不定客户，那可能只有三种选择。第一种是把客户转介给理财经理，如果客户今天无法转介，比如客户没有时间，或者理财经理、网点负责人、大堂经理都没有办法承接客户，则进入第二种选择。第二种选择是记录客户的电话号码与具体需求，把"客户转介卡"交给理财经理。第三种是对不愿意留电话的客户，千万不要穷追不舍，放客户走就好，可以为今后的营销埋下伏笔。比如："王姐，今天可能您太忙了，没心情听我讲解，没关系，如果以后您想了解这款产品，欢迎您随时来咨询！"如果你对客户死缠烂打的话，那么客户下次就不愿意再来你的网点了。

意向客户速转介

客户表示愿意听柜员介绍时，有些柜员就暗爽起来，心想："哈哈，终于逮着一个。"于是，开始滔滔不绝地和客户海侃。柜员同志，请记住：客户有了意向之后，下一步要把客户转介给理财经理。如何转介呢？有柜员是这样说的："王总，反正您现在不赶时间，我们的理财经理在网点也闲着呢，你们就去聊聊吧，这产品真的不错……"这样转介的结果是可想而知的。应该怎样转介呢？优秀的转介者会这样说："王总，我们的理财经理非常专业，咱们市电视台的那几个主持人都是来向他咨询理财规划的，他可是个经验非常丰富的人，平时难得见他在网点，今天好像还没有出去，我帮您引见认识下吧。”这样转介的成功率是不是会提高很多呢？

一次讲课时讲到这个案例，有个学员听完后一脸苦闷，问他怎么回事，他说：“殷老师，我们网点的理财经理没有给主持人做过理财规划，怎么办呀？”他的话又天真又好笑，你们的理财经理有没有给当地名人做过理财规划呢？有没有给当地大企业做过理财规划呢？再不济，有没有给网点周边的有点儿名气的企业做过理财规划呢？找找看，总是能找到一些成功案例的，千万别偷懒。自己编一个案例看似省事，切记，谎话总有穿帮的时候，你可以不讲话，但不要讲假话。总结一下：忽悠的底线是尊重事实，避免谎话。

潜力客户留电话

是小客户的电话号码好要还是大客户的电话号码好要呢？显然，大客户的电话号码难要。大客户作为稀缺资源，会更加重视个人隐私，避免招致麻烦。这就难办了，我们想要的是大客户的手机号码，如果你直接开门见山地说：“刘总，手机号能不能给一下？”你肯定可以猜到结果会是什么。高手往往这样出招：“刘总，我们银行经常有一些高收益的产品，不过卖得特别快，几天就没了，前几次您没赶上，您看下次再有了，我通知一下您，好吗？”高手是完全为客户的利益讲话，更高明的是并没有直接提出要电话号码，多数客户会随口说：“好，到时候有的话告诉我一下吧！”这时候高手会继续发问：“怕打扰到您，到时候您看是电话通知方便还是短信通知方便？”二选一的问题增大了客户提供电话号码的可能，并且第一个问题已经得到了回应，降低了难度。客户说：“那就短信吧！”

如果想寻求一种更为有效的办法，一些银行网点有一种叫作“贵宾服务体验卡”的卡片，是专门发给潜在贵宾客户的，共有上下两联：上联是给客户的，后面印有网点的地址和电话，送给客户时可以在后面写上你的联系方式；下联是银行留底的，上面填写客户的姓名和电话。客户拿到这张卡后，可以享受一次VIP客户的服务，到贵宾室办理业务。客户办理这张卡时，无形中就留下了他的电话。

要点回顾

顺势营销牌制作原则

· 颜色：色彩鲜艳，红黄绿蓝
· 图片：字少图多，快乐观赏
· 素材：贴近生活，适应节日
· 产品：众口可调，不超四个
· 广告：一语中的，通俗易懂

顺势营销牌使用要领

· 时机：等候间隙，顺势摆放
· 使用：动态使用，切忌不动
· 语术：放有推介，取有推动
· 更换：周换产品，月换版面
· 数量：人手一牌，海报两块

联动营销四步骤

· 等候间隙放牌子
· 处理完业务讲产品
· 意向客户速转介
· 潜力客户留电话

模式②——沙龙营销

情景案例

3 小时银行沙龙产生 33 份保单

从白云酒店的会议室传出一阵阵掺杂着尖叫的笑声，是什么事情搞出这么大的动静？原来，XX 银行正在举办贵宾客户沙龙，进行“气球破坏王”比赛，营销人员与客户两人一组，背靠背地站着，双手却紧紧地握在一起，背后塞着个气球，挤破气球最多的小组将会获胜。这个小游戏的破冰效果还是非常不错的，哪怕陌生的客户与营销人员，也能很快熟悉起来。

现场还有很多孩子，经验老练的营销人员明白，孩子在场对讲课和成交是有百害而无一利的，看看接下来他们是怎么做的吧。理财经理把孩子们集合起来，然后带孩子们出去做活动了。孩子们离开后，会议室突然的安静还真让人感觉有些不太适应。此时，主持人的出场快速把大家的注意力集中到了讲台上，主持人把气氛渲染了一番之后，讲师出现在大家的面前，告诉大家今天的主题是“高端家庭亲子教育与教育投资”。此时，“老江湖”已经推测到营销的产品是什么了，没错，就是儿童保险。

一个小时后，课程已接近尾声，这时理财经理带着孩子们回到会议室，只见孩子们手上都捧着包装精美的盒子，这份礼物是送给家长的。原来理财经理带孩子们去了超市，给了每个孩子50元钱，让孩子们自己当家做主，为父母选一份礼物。孩子们捧着礼物走上了讲台，分享着送给父母的礼物和想法。有的孩子说："我给妈妈买了个洗碗手套，昨晚，妈妈的洗碗手套破了，今天我买给妈妈！"有的孩子说："爸爸今天忘刮胡子了，我给他买了个剃须刀！"这些并不昂贵的礼物，却是很多父母收到孩子送给他们的第一份礼物，在他们眼中如同奢侈品一般，顿时，家长们一个个被感动得热泪盈眶。

此时，理财经理开始进入踢单环节："孙姐，孩子多可爱呀，都给咱们买礼物了，咱们也给孩子送份礼物吧，您看这保险多好呀……"

踢单环节进行到10分钟左右的时候，已经有客户成交，这么好的造势机会岂能错过？主持人激情播报："爱心爆棚的王先生为孩子选购礼品一份，有请登台签约！"主持人声音刚落，颁奖音乐就响了起来，伴随着音乐声，王先生昂首阔步地走向讲台，讲台两旁还站了两个"炮手"，在王先生登上讲台的瞬间，只听"嘭嘭"两声，王先生在漫天飘舞的彩带中走上了讲台，两声礼炮，使得所有人的目光都投向了讲台。登台后，主持人并没有马上主持签约，而是先进行"豪礼相送"：今天所有签约的客户，均可得到一次"抓金币"的机会。从远处看，只见透明的金币箱中金光灿灿，相当诱人，但如果是真金币，那银行就亏大了，原来都是崭新的五角硬币，客户伸手进来，能抓多少都算自己的，只限抓一次。还有份礼物同样难得，那就是金箔版的生日报——将客户出生当天的《人民日报》的头版用金箔制作成纪念报。好的礼物能够对犹豫客户的成交起推波助澜的作用，很快，那些观望的客户也开始挥手召唤理财经理了。

无论成交的还是没成交的客户，在走之前都会在理财经理的邀约下，在形象墙下拍摄一张全家福。请思考一下，这个动作又是什么目的呢？有人猜测这是做宣传活动，有人猜测这是亲民活动，其实，除了以上这两个目的外，还有一个目的，那就是为下一次与客户见面，铺垫一个合情合理的理由。

对于成交的客户，后续工作是不是就不需要跟进了呢？答案是否定的。且不说服务，暂不谈转介，先说一下如何对已经购买产品的客户开展二次营销。

理财经理带着照片敲开了徐大姐家的门，一阵寒暄后，理财经理问道："徐大姐，您给孩子买了份保险，这是一份难得的礼物，您是希望给孩子提供一个无忧无虑的成长环境，对吧？"徐大姐点了点头，理财经理接着说："那您这份保险的受益人是谁呢？是您本人呀！那您有没有考虑过这样的保险并不是让孩子有保险，而是让自己多了个保险呀？如果您真为孩子打算，让他在任何危机情况下都能有经济保障，您应该给您和大哥买一份，受益人写成孩子……"

提到沙龙的主题，恐怕多数人都会想到养生、理财、国学、亲子等，客户对这些主题已经再熟悉不过了，恐怕难以吊起客户的胃口了。因此，沙龙的主题一定要量身定制，出奇制胜。

这里讲一个机械厂退休员工的沙龙营销案例。在举办沙龙之前，银行人员已与机械厂工会进行了沟通，收集了很多机械厂建厂以来的老照片，然后双方携手举办了一次主题为“岁月流逝，情谊永恒”的沙龙，与退休员工一起追忆往昔。

沙龙开始时，银行员工献歌献舞，渲染出了感恩的气氛，然后进行了以“我在机械厂人生中的第一次”为主题的互动。老师傅们畅所欲言：“我在机械厂第一次生产出了产品，班长表扬了我，高兴得晚上睡觉都在笑……”“我在机械厂第一次领到工资，赶紧给我爹妈买了只烧鸡送了回去，他们可高兴了，可惜，他们现在已经不在了……”“我在机械厂第一次分到房子的时候，我站在屋子里面哭了好长时间……”大家回忆起当年一起参加工作的峥嵘岁月，泣不成声，在回忆的同时，屏幕上打出了一张张机械厂建厂时候的老照片。

沙龙进行到最后，进行了抽奖活动，奖品是什么呢？就是相册！原来银行已经把这些老照片制做成了精美的相册。请问，那些没有得到相册的老师傅是否渴望得到，又如何得到呢？这就要看银行最近的考核指标是什么了。

◌ 沙龙营销考核指标：431 指标

作为批量营销的绝佳利器，沙龙越来越多地被银行采用，只是营销取得的效果还不尽如人意。本是营销，后来却成了增值服务，难道沙龙营销就是一道无法破解的魔咒吗？

我在深圳某银行做顾问时，他们的沙龙营销有一条关键考核指标，叫作 431 指标，也就是邀约客户中意向成交客户不低于 40%，现场成交客户不低于30%，后续跟进成交客户不低于10%。如何实现这个考核指标？靠的是三大阶段步步为营，23个细节一丝不苟。

沙龙营销是一项系统化工作，参与人员较多，流程较细，若将23个细节展开论述，恐怕会长篇累牍，让人看得头晕。这里只重点介绍沙龙营销的三大阶段。

◌ 沙龙营销的三大阶段：筹备阶段、执行阶段、跟进阶段

筹备阶段有9个重点，分别是：沙龙选题、包装策划、项目分工、师资审核、场地布置、邀约培训、流程彩排、客户审核、通知确认。

执行阶段有9个重点，分别是：客户迎接、寒暄铺垫、暖场破冰、领导致辞、课程讲授、签约促成、颁奖造势、照相留影、客户送别。

跟进阶段有5个重点，分别是：总结会议、结案收款、意向跟进、二次深销、数据分析。

随着收入水平逐步提高，很多客户对沙龙营销的诉求已经由物质层面逐步升华为精神层面。重点关注客户精神层面才可能吸引更多客户，并带来成交机会。

广州某银行针对大客户孩子社会实践能力弱的情况，推出了“周末售报体验专场”的活动，吸引了很多大客户参与，并带来了很多新客户。湖北某银行针对“70后”大客户推出了“童真时代——怀旧游戏专场”，让大客户带着孩子一同来玩跳房子、踢毽子、推铁环、拍画片等游戏。在活动结束时，赠送铁皮小青蛙，这种沙龙也取得了不错的效果。河南某银行针对老客户的孩子外出打工，推出了“视频茶话会”沙龙，让客户与在外打工的孩子进行远程视频，互相沟

通所欣赏的节目。在活动结束后，他们出色地完成了揽储任务。

沙龙活动灵活、巧妙的主题不仅能吸引人气，更能作为一个好的媒介，与客户成交。

要点回顾

沙龙营销考核指标：431 指标

沙龙营销的三大阶段：筹备阶段、执行阶段、跟进阶段

模式③——路演营销

情景案例

小区活动巧设计，妙用小品卖保险

“路演”这个词来源于英文“roadshow”，是国际上广泛采用的证券发行推广方式，是指证券发行商在发行证券前针对机构投资者进行的推介活动。路演的主要形式就是举办推介会。

今天，路演营销这种方式被银行学习，并加以改良。只不过常见的路演营销都是在小区中摆摊设点，或者是进行反洗钱、反假币宣传，或者是办卡送礼品的活动。由于举办这些活动的形式千篇一律，参与的客户较少，难免会出现冷场的情况。路演营销比沙龙营销难度更大，因为前来参加的客户更难控制，如果没有吸引人的手法，将不可避免地出现门可罗雀的尴尬局面，所以如何烘托人气、如何营造氛围，是路演营销考虑的关键点。其实，只要方法得当，路演营销会在社区营销中发挥出不可估量的作用。下面来看一下优秀的银行工作人员是如何开展路演营销的。

周末的小区里热闹异常，原来是XX银行在这里搞路演营销。大大的充气拱门上挂着“智能金融到您家，欢乐闯关向前冲”的大条幅，广场上搭了八个帐篷，这些帐篷由四种颜色组成——蓝色、红色、黄色、橙色，每种颜色的帐篷两个。每个帐篷下面都设置了礼品区，放满了各式各样的礼品，有雨伞、台灯、充电宝、儿童玩具等。几个易拉宝显得特别醒目，上面用蓝字写着“过三关，夺大奖”，“过三关”到底是指哪三关呢？

第一关叫作“扫”荡礼品。通关宝典写着：在现场红色帐篷区域内，关注我行公众平台，扫描二维码，成为粉丝后，通关成功，即可获得多功能环保购物袋一个。

第二关叫作开卡好梦。通关宝典写着：在现场黄色帐篷区域内办理我行“智家卡”，并开通我行基础产品包，即可获赠精美礼品任选一份。

第三关叫作智力 PK。通关宝典写着：在现场橙色帐篷区域内，参加任意一项智力体验活动，都会收获惊喜。奖品任选，期待您的体验。

我认为，最好再有一个通关抽奖。通关宝典上写着：只要你参加闯关活动，无论到达第几关，均可以参加抽奖活动。

为了吸引人气，帐篷前面还搭了一个小舞台，上面表演着魔术、打太极、吹葫芦丝等各种节目，表演者全是银行的员工。给人印象比较深刻的是一个小品，演绎了一个发生在银行的真实故事。

一位老人因为老伴得了突发性疾病，住院时急需支取一笔定期存款缴纳住院费。但老人一着急，忘记带账户户主的身份证了，而唯一的儿子在国外读书，不在身边。正当他急得团团转的时候，大堂经理了解了情况之后，二话没说，取出自己的钱，交给了老人，让老人赶紧去医院。次日老人带着证件来到银行，把钱取出来还给了大堂经理。从此以后，老人不但成了银行的忠诚客户，而且不少亲戚也在他的介绍下，成了大堂经理的客户。

这个小品潜移默化地塑造了XX银行人性化的形象，提升了银行的品牌。银行通过一天的活动，吸引了不少小区业主的参与，当天开卡近300张，而且还有额外收获，那就是通过微信平台增加了400多位好友。

对于营销人员来说，摆摊设点的路演营销并不陌生。遗憾的是，虽然活动地点选择在人流多的地方，但还是很难吸引驻足者。多次的经历让营销人员总结出经验，单一的摆摊并非最佳选择，借助活动是一条有效路径。

◌ 吸引观众三要素：有预热，有节目，有礼品

不管是筹办者还是演员，都希望台下人头攒动，不说像演唱会那样欢呼尖叫，最起码不至于冷场。那如何吸引观众呢？

有预热

酒香也怕巷子深，宣传工作不容忽视。提前一两周，在社区里拉横幅，在宣传栏上写广告，在社区论坛上多发帖，上下班高峰期发折页。这些预热都需要开动聪明的大脑。

有节目

叫卖式的路演营销在吸引客户方面显得有些捉襟见肘了。还是演节目更能增加人气，节目可以让网点员工各显神通，唱歌、朗诵、魔术这些都是很容易的，如果有员工会太极或八段锦、五禽戏的话，还可以与客户进行现场互动。另外，节目的目的不只是吸引客户，同时要嵌入软营销的内容。

有礼品

准备份大礼品，更要多准备如小公仔、挂链、杯垫、开瓶器之类的小礼品，也可以再买点气球。如果想气氛火热，现场就要多发礼品、多互动。

◌ 定位三步骤：先定产品，再定客户，后定渠道

谋定而后动。如果银行营销人员急匆匆地冲过去摆摊设点搞营销的话，说不定保安那关都过不去。先思考这次主推的产品是什么，定位产品后，再思考主要的目标客户是谁，还要想清楚产品的哪一个卖点是可以精准地吸引客户的，知道了客户群之后，再思考通过什么渠道来批量营销，是社区？是职场？还是商超？有了系统化的思维，才可以产生精准营销，提高成功率。

有一家银行的营销目标是开卡，他们选择在本市的献血车旁边开展路演营销，活动的主题是“你开卡，我捐助”。只要客户开办了一张银行卡，他们就通过现场网银转账的方式向某希望小学的账户转账 5 元钱，用来购买孩子过冬的物资。也许客户会质疑，

但摊位的前面确确实实地摆放着困难地区小朋友冬天还穿着拖鞋的照片和银行到当地希望小学送温暖的图片，这在某种程度上会或多或少地抵消客户的质疑。当被问及为什么要选择在献血车旁边开展活动时，银行营销人员悄悄地说道："来献血的多数人都是有爱心的，选择这里不是能提高成功率吗。"

◌ 物业合作要素：有关系，有利益

不少失败的营销并不是因为人的营销能力有问题，而是物业公司这个"拦路虎"不让营销人员进小区,这是个让人头疼的问题。所以第一是有关系，中国是个以人情为主的社会，和物业有关系是最好的，如果没有，那就找社区居委会试试。居委会有搞社区活动的任务，也许他们正发愁如何策划活动呢！第二是有利益。考虑物业公司有什么诉求？比如他们强调避免高空抛物、避免噪音扰民、垃圾分类等内容，如果你能将这些内容设计到小品或歌曲等节目当中，是不是又多了些胜算呢？

◌ 活动设计要素：软营销，低门槛

如何塑造银行的品牌？小品是一种不错的方式。把平常发生在银行中的一些真实故事，通过小品演绎出来，让客户感觉到银行不是一个冷冰冰的机构，而是一个有人情味的地方，这便无形中拉近了银行与客户的距离。

如果活动中设计了"开卡有奖"这一环节的话，那么不愿意开卡的客户就失去了参与机会。所以，降低参与门槛，即使客户不愿意开卡，哪怕扫描一下二维码，成为公众号的粉丝，一样是可以拿到奖品的。社交媒介在银行营销中不可小觑，只要与客户建立微信的联系，循序渐进，一样能找到合适的营销机会。

要点回顾

吸引观众三要素：有预热，有节目，有礼品

定位三步骤：先定产品，再定客户，后定渠道

物业合作要素：有关系，有利益

活动设计要素：软营销，低门槛

模式④——跨界营销

情景案例

2000万元存款源于一句“保姆素质差”

BH银行在星海丹蒂的网点终于开张了。星海丹蒂是这座城市中数一数二的高档小区，周边不乏各家银行，竞争激烈自不用说。BH银行是如何在一片红海中找到立足之地的呢？

栗行长是这个网点的负责人，虽然只三十出头，但他在营销方面往往别出心裁，出奇制胜，所以这次被委以开疆拓土的重任。栗行长又是搞沙龙，又是送礼品，用了不少招数，遗憾的是，这些方法虽然吸引了一些小客户，最期待的大客户却寥寥无几。此时，表面上看不出栗行长的焦虑，其实他内心愁云密布，如何破局是栗行长无时无刻不在思考的问题。

栗行长今天参加了一次银行营销的培训课，课中听到“大客户营销从痛苦入手，尤其是非金融方面，才能出奇制胜”，这个观点仿佛让他看到了曙光。回到行里，他开始让员工收集客户的痛苦，员工迷茫地看着栗行长问：“如何才能知道客户的痛苦呢？”栗行长哭笑不得地回答：“多和客户聊天，凡是抱怨、麻烦、牢骚等，都要记下来，夕会时告诉我！”接连几天，栗行长发现有一个难题是客户提到频率最高的，那就是“保姆素质差”。也许别人听到这句话时会一笑而过，但心细如发的栗行长哪会轻易放过，他决定以此作为突破口。

第二天一早，星海丹蒂的大门外停了一辆黑色的“马6”，司机并没有下车，而是坐在里面，眼睛一直盯着每一辆驶出小区的车，他就是栗行长。上班高峰期过后，他并没有离开，而是到小区找人聊天，无论是物业的保安，还是带孩子散步的大妈，他都会凑上去和人家聊上一会儿。晚上，他依然坐在车里盯着那些回来的车看。

一转眼三天过去了，第四天栗行长才回到银行。会议上，他开口说道：“我在星海丹蒂观察了两天，发现三个特点：第一，这个小区的客户很有钱，因为早上上班时平均每两分钟就有一辆50万元以上的车开出。第二，早上的车里坐着孩子，下午四五点放学时，接孩子回来的车却换成了10万元左右的了，这是因为早上送孩子的是父母，但下午接孩子的是保姆。第三，这些豪华车普遍回来的时间在晚上九点到十点。我到小区和不同的人聊天，发现孩子放学后基本上是与保姆在一起的，而父母应酬完回家时孩子已经睡了。最后，得出的结论是客户之所以抱怨保姆素质差，问题出在教育孩子方面。”

说到这里，栗行长停顿了一下，员工们面面相觑，寻思着领导不会让我们下班后去帮客户带孩子吧！栗行长好像猜透了大家的想法，他接着说：“我准备在小区里开设一个家庭亲子教育的课后辅导班，不用各位做教师，我昨天去了咱们市最顶尖的辅导机构——成龙教育，说服他们在这个小区联合办班。他们之所以愿意和我们联合，因为我们银行的培训学院有一门很棒的课程，叫‘小小银行家’，是专门讲给大客户孩子的。如果能联合办学，不仅有我们双方的名称，他们还多了一门‘小小银行家’课程，对高端家庭会更有吸引力。这不仅能提高他们的品牌影响力，还能增加他们的收入。而对父母来说，这不仅可以解决孩子放学后辅导作业这个难题，还可以让孩子学习到小朋友所需要了解的理财知识，会更有吸引力，这是一个绝对双赢的合作。这边搞定了辅导班与银行的合作，那边就要搞定客户与银行的合作了。”

但如何实现与银行的业务相结合呢？这是一个需要认真考虑的问题。栗行长的计划是实行会员制，成为会员后才可以把孩子送来学习。那如何才能成为会员呢？存款100万元以上的客户即成为会员。这样的计划，不仅让孩子有了学习和交往的平台，还为客户提供了一个认识和交流的商务平台。

如何发布会员制这个信息呢？栗行长已经和物业协商好了，物业需要定期举办业主活动。这一次，就由BH银行来协助操办，举办一次大客户亲子教育的沙龙讲座，在会议上发布会员制的信息。

结果，在短短半天的讲座上，当场就有20多位客户签订了意向书。这个沙龙是不是由BH银行出钱呢？精明的栗行长一分钱没出，全是由成龙教育出资的。那天晚上，栗行长终于睡了个好觉。

◌ 金融行业多混战，渠道创新是关键

随着互联网金融的发展，利率市场化改革又向前大大地迈进了一步，银行业的竞争压力日趋加重。不少银行的营销人员只要听到客户说“×× 宝收益比你们高得多”，就无言以对。也许银行还会把希望寄托于国家的治理上，甚至叫停他们对金融业的摧残，但随即国家提出“促进互联网金融健康发展”的政策，这 11 个字无疑给很多购买互联网理财产品的客户吃了定心丸。互联网理财产品的收益水平可以让人如此痴迷，投资公司的收益更是让人发癫、发狂，难道银行就真的无计可施了吗？

互联网金融的优点是直观、便捷、高息，而缺点是虚幻、标准、风险。中国是个见面三分情的社会，试想一下，对日理万机的大客户而言，他们在乎的是收益还是舒适贴心的服务呢？是有形的礼品还是帮他们解决更多的难题呢？是金钱还是人脉呢？

深入思考这些问题就会发现，相比较于互联网来说，传统的物理渠道具有太多得天独厚的优势。渠道创新不仅仅是一句口号，银行可以在依托网点这个物理渠道的同时，联合运用电话、微信等媒介渠道，捆绑物业、职场等合作渠道，围绕客户的金融与非金融需求，多角度出击，解决客户难题，深度服务客户，以真心换取信任，而这些恰恰是互联网金融目前无法做到的。

◌ 管理的是人心，经营的是资源

行长作为经营管理者，自身的角色定位决定了其经营管理能力。

我不止一次地看到过角色倒挂的现象：行长总是在营销一线冲锋陷阵，而忽略了调动起全员的营销状态。一位智者说过：“好领导不是把自己累死，而是有本事让员工鞠躬尽瘁。”所以，行长需要用更多的时间来思考如何更好地设计营销模式，如何最大限度地做到人尽其才。

营销模式的设计离不开资源的整合。案例中的栗行长几乎没有投入经济成本，一下子“白捡”了两千万元的存款和几十个大客户，其中的关键是栗行长有整合了教育机构、学院课程、物业公司的能力。这些看似风马牛不相及的机构，被一个无形的利益链紧紧地捆绑在一起，连接他们的每一个点都不外乎两个字——利益。

下面讲一个故事，能深刻地说明资源整合的力量。一个普通家庭的父亲，想给儿子找个好工作，于是他找到了世界银行的行长，向他推荐自己的孩子，希望自己的孩子做副行长。行长听后哈哈大笑，问：“凭什么？”老人一着急，撒了个谎，说：“凭他是比尔·盖茨的女婿。”行长听后，脸色大变，立马郑重其事地问：“明天可以来上班吗？”老人走出世界银行的大门，立马跑到比尔·盖茨家中，对比尔·盖茨说希望儿子做他的女婿。比尔·盖茨问：“凭什么？”老人说：“就凭他是世界银行的副行长！”比尔·盖茨急切地问：“何时成婚？”

故事是虚构的，却传递着积极向上的正能量。网点负责人，面临着资源有限、时间有限、经费有限、影响力有限等诸多难题，要进行深度思考，将每一个资源充分调动起来，寻求多方合作主体的利益平衡点，以取得 1 + 1 > 2 的资源倍增效应。

◌ 关注非金融需求，进行跨界营销

高端社区作为营销的稀缺资源，受到金融等多种商业机构的关注，他们的生活中不乏各类沙龙与聚会。栗行长深知，如果从金融需求入手，BH 银行作为一家进入当地不久的银行，存在网点稀少、产品单一等缺点，在短期内无法取得有效突破，且周边四大行已在这里经营了多年，有着得天独厚的人缘优势。栗行长另辟蹊径，从非金融需求入手，他并没有像其他银行那样开设健康养生、红酒品鉴等沙龙，原因是这些主题在五年前也许不乏客户，但今天，经过了各种机构的狂轰滥炸后，显然已经令客户失去了兴趣。“关注客户”不是一句空话，只有关注了客户的难题，并找到解决方案，才是吸引客户的关键。栗行长发掘出小区业主普遍关注的共性问题，那就是“保姆素质差”，虽然这个问题看似与银行没直接关系，且无法解决，栗行长却对此进行了深度思考，有力发力，无力借力，借助第三方资源，寻找到双方都感兴趣的利益点，将其紧紧地捆绑在一起，以实现合作共赢，构建出一个可以引起客户强烈兴趣的课后辅导班，并且借助小区物业发布信息，最终与银行的业务形成完美的结合。

说到关注客户的非金融需求，我又想起了一个案例。有家银行旁边有一个新楼盘，入住率已达到了 80%，年轻的小两口居多，不少家庭还有了孩子，但多数人还不是银行的客户。行长组织了主题为“新家好空气”的沙龙。在沙龙中，行长讲解了装修后的房屋中如果甲醛、苯、氨等超标会引起各类疾病，对孩子的危害尤重。这个讲座引起了客户对室内空气质量的重视，此时，银行及时推出了免费的家庭空气质量检测活动，这个活动挺有诱惑力的。那么，如

何享受免费的空气质量检测呢？这就需要开卡成为银行客户。谁来进行空气质量检测呢？银行联合了一个代发业务的客户——一家室内空气净化公司来为客户进行空气质量检测。这家成立不久的小公司，正发愁没有客户资源呢，这个跨界营销活动正好满足了银行、企业、客户的需求，实现了一举三得。

·········· 要点回顾 ··········

金融行业多混战，渠道创新是关键

管理的是人心，经营的是资源

关注非金融需求，进行跨界营销

模式⑤——讲堂营销

情景案例

医院变成了银行的提款机

XH 医院在当地可是有名的私立医院，多年来树立了良好的口碑。该院不仅设备先进，而且专家云集，医院里的工作人员有 600 多名，收入颇丰。在 NY 银行各种努力下，终于把这家医院职工的代发薪业务揽入囊中。实现了这个目标后，NY 银行没有裹足不前，针对如何实现多产品渗透这个问题，深挖客户价值，成了银行下一个阶段的目标。他们是如何利用讲堂营销方式实现公司业务与个金业务的交叉协作的成功突破的呢？

负责公司业务的客户经理带着理财经理大贺一同来到了 XH 医院，在医院财务部的牵针引线下，认识了医院人力资源部的任经理。随着双方越来越熟悉，在一次饭局上，任经理提到，医院发展速度很快，对员工的成长也非常重视，所以要求每个月给医护人员与行政等各部门的员工上一次课，课程内容要多种多样，涉及职业素质、心态礼仪、沟通技巧、会议管理、管理能力等，很多市面上的常见课银行都上过了，人力资源部现在发愁，不知道该安排什么新课程。

大贺听到这里，突发奇想地说："有不少企业客户，面临着跟您一样的难题，培训是定期举办，课程却越上越少，这种培训只有将企业的需求与员工的兴趣结合起来，培训组织者的工作才算到位。所以有些企业开设了'理财小讲堂'，毕竟员工手中有了积蓄，都希望能够有更高的收益。但隔行如隔山，如何让自己的收益更高，且没有风险，这还真是一门学问。任经理，您看咱们医院是不是也可以给员工安排类似的课程呢？"

任经理边听边点头说："这门课程不错，挺符合员工需求的，哪个员工不关心自己的收益呢？不过，这种性质的课程的师资贵吗？""不便宜，投资理财课程是现在的热门课程，有CFP（国际金融理财师）证书,并且授课技巧好的老师价格不菲。不过，任经理，我在银行工作11年了，不敢说是金融方面的专家，但对这方面也是有些研究的。前年我就拿到了AFP（金融理财师）证书，是我们银行金融学院的培训师。要不这样吧，您对我们的工作这么支持，我就尽尽做朋友的义务，咱们医院这个'理财小讲堂'我免费帮您张罗，您看行不行……"

两周一期的"XH医院理财小讲堂"开课了，平时多是"时间管理""沟通技巧"等课程，老师虽然讲得不错，但员工已经出现了审美疲劳。现在人力资源部组织了理财讲座，员工无论收入高低，都希望自己的收益能更高一些，大家参加讲座的热情比以前高了不少。虽然"理财小讲堂"两周一期，但每一期的课程都是不同的，根据学员的不同需求进行灵活设置，如"月光族如何有计划地积累财富""小两口如何为孩子做好教育储备""中年人如何规避养老风险"等。

如“月光族如何有计划地积累财富”这门课程，针对的是刚参加工作的医生和护士，他们多数工资不高，提起理财，总会说自己没钱怎么理财，没有计划地消费，到了年底，连回家孝敬爹妈都捉襟见肘。其实，你不理财，财就不理你。没有理财的意识就永远没有钱，有了理财意识之后，小钱就可以变成大钱，积少成多，积沙成塔……银行到医院做“理财小讲堂”，目的不仅仅是传播理财的理念，同时还给学员推荐入门级的理财产品——基金定投。其特点是：百元起点，投入低，风险小，非常适合刚参加工作不久的月光族。营销是一个传播观念的过程，银行通过“理财小讲堂”的宣传，使收入不多的职场新人认识到财富积累的过程与便捷的理财方法，这样一来，谁不愿意让自己收益更多些呢？

通过讲堂营销的方式，你会惊喜地发现，平时客户听到保险就避之不及，但通过这些专业知识与数据的分享，不知不觉间就激起了他们投资理财的兴趣。

◌ 批量营销比单独营销重要

当一对一的营销对业绩的显性增长所起作用不大的时候，批量营销就发挥了长袖善舞的作用。讲堂营销是批量营销的典型方式，因为客户的身份相差不大，这种一对多的营销方式，可以快速地聚集目标客户，进而快速地完成营销。

◌ 传播理念比介绍产品重要

世界上最难做的有两件事：第一件事是把自己的思想装入别人的脑袋，第二件事是把别人的钞票装入自己的口袋。很不幸，做营销这两件事情都摊上了，如果你不能把自己的思想装入别人的脑袋，别人就很难把他的钞票装入你的口袋。传统的营销往往只注重传播产品，造成了客户避之唯恐不及。而讲堂营销的方式，不但包装了产品传播的过程，而且通过投资理财知识的学习，不知不觉间改变了固化的思想，打开了客户接纳的心门，产品营销成了水到渠成的事情！

◌ 塑造价值比免费送课重要

为什么企业的人力资源部门在接受银行送课上门时会采取慎之又慎的态度？因为害怕课程中的推销会让员工质疑他们的课程甄选能力。所以，银行营销人员在与企业人资部门沟通时，重点不在于免费，而在于价值，在于能够给企业、给人资、给员工带来什么价值，这是在与企业沟通之前需要思考清楚的事情。企业关注的是价值，人资关注的是效果，员工关注的是兴趣。银行营销人员如果能够找到调和三方利益的平衡点，就能够很好地进入企业。这就需要将课程设置得既有用，又有趣。

◌ 软性案例比硬性宣贯重要

在讲堂营销中，培训师往往是银行的理财经理，而多数理财经理并没有接受过系统化的培训师训练。我不止一次地见到理财经理在进入企业讲课时，罗列一大堆数据和图表，使听的人眼花缭乱、不知所云。

这里我给讲课的理财经理提个建议，那就是多准备一些真实的、具体的案例，案例中的主人公最好与受众的身份相差不大。如果给企业的员工阶层讲解的都是中产阶层的投资理财案例，就很难引起他们的共鸣。但如果给一个刚参加工作的小白领讲解如何在三年时间内，通过巧妙理财顺利地实现买房和结婚的案例，相信他们还是有兴趣把注意力从桌下的手机上移到讲台的。最后提醒一下，案例最好能够有图片和细节，这样会更有说服力。

……… 要点回顾 ………

批量营销比单独营销重要

传播理念比介绍产品重要

塑造价值比免费送课重要

软性案例比硬性宣贯重要

模式⑥——陌生拜访营销

情景案例

刁蛮老总开了15张信用卡

推开同发公司老总的办公室，只看了黄老板一眼，理财经理郭秉文内心就暗叫一声“不好”。这是郭经理今天扫街营销陌生拜访的第三个客户。前两个客户不冷不热，所以没有深谈。但郭经理看到黄老板一脸愁容，脸上有三条抓痕，脖子上还有一块瘀青，如果没猜错，他昨天在家里被“家暴”了。面对这样的客户，估计郭经理就算有登天的本领，也难以应对。但既然已经走到办公室了，总不能转身告辞吧，郭经理准备使出扭转乾坤的本领！

郭经理刚刚开口介绍自己，还没有讲信用卡的事情，就听到黄老板嘴里吐出一个字——“滚”！随着这个字脱口而出，气氛仿佛一下子变得剑拔弩张！但郭经理虽然听到这个带有侮辱性的字，依然微微一笑，好像是在说别人一样。他并没有转身离开，而是继续笑容满面地看着黄老板，向前一步，弯着腰，嬉皮笑脸地说：“黄总，看得出来您今天心情不好，千错万错都是我的错，是我来得不是时候，让您的心情更加不爽了，都是我该死，抽自己几个嘴巴算是向您道歉，好不好？”他边说着，边抬手对着右边的脸比画了两下，黄老板面无表情地看着他。此时的郭经理还是一副笑嘻嘻的样子，接着说：“黄老板，您的话就是金口玉言，在我这里就是圣旨，您让我滚，我现在立马就滚，只是请求您的指示再明确一些，您看我是往前滚还是往后滚呢？”说完，郭经理用傻乎乎的眼神看着黄老板。这下，黄老板不由自主地“扑哧”笑出了声。这一笑仿佛早在郭经理的预料之中，他接着说：“黄老板，恐怕这是您今天第一次露出笑脸，其实每个人都有心情不好的时候，您说是不是？与其一个人发闷，不如找个有意思的人一起聊聊，您就开心起来了，您看我像不像个开心果，咱们聊聊，好不好？”郭经理边说边歪着脖子笑呵呵地看着黄老板。

刚才还阴沉着脸的黄老板，终于开口说话了：“你小子真有意思，今儿你要是有本事让我两分钟笑一次，你说什么我就听什么！”

听完这话，郭经理开始使出浑身解数，笑话一个接一个讲出，黄老板板着的脸慢慢地开始露出了笑容，同时递给了郭经理一根烟，两个人边抽烟边聊着，不知不觉，半个小时过去了。郭经理看看表说：“黄老板，您日理万机，时间非常宝贵，非常感谢您今天陪我聊了这么久，时间不早了，今天就先聊到这儿！”

黄老板刚聊到兴头上，听到郭经理要走，问了句：“这么快就要走了？”郭经理说：“您是老板，是给员工布置任务的。我是员工，还有领导给布置的任务呢，连着好几天业绩都挂零了，我再不走，今天的任务完不成，都没办法回银行了。不瞒您说，我们压力山大，您都不知道我们每天有多少任务。”黄老板顺口问了句：“有多少任务？”郭经理露出了痛苦的表情说：“日子不好过呀，黄老板！今天最少要完成15张信用卡！您能帮帮我吗？”

黄老板听到这里，说了一句：“这还不好说！”说完后，他就拨通了办公室的电话：“老孙，叫15个员工过来，带上身份证！”啥事儿也没说就把电话挂了，然后看着郭经理说：“这不就完事儿了么，中午就在我们食堂吃饭，难得有个聊得这么投机的人！”一会儿，15个员工过来了，双手捧着身份证请郭经理给他们办理信用卡……

陌生拜访原本是保险业或直销业常用的营销方式，在金融业竞争如此激烈的今天，不知不觉也成了银行员工开疆拓土的模式了，身临未知的环境、面对陌生的客户、扛着紧张的心情不止一次地让理财经理折戟而归。但若想在银行业安身立命，就都要过这一关。如何才能做好陌生拜访呢？

◌ 出门之前先筹划

无论陌生拜访的对象是企业、专业市场的商户，还是社区的业主，如果银行营销人员推开门第一句就问：“我是××银行的，有兴趣听我介绍一下我行的储蓄业务吗？”估计没几个客户能耐得住性子听营销人员讲完。

用什么样的理由潜移默化地吸引客户，然后不知不觉地介绍产品呢？有经验的营销人员在进行陌生拜访的时候会这样设计——进入一个商铺后，和老板友好地打个招呼，然后开始介绍：“我是××银行的理财经理小胡，今天我们到这个市场做一个调查，您只需要在这个表上面打四个钩就行了，为表示对您的感谢，送您一个财神公仔。您可以将它放在收银台前，财神会保佑您生意兴隆，日进斗金！”然后掏出一张调研表。调研表上面有四个问题：（1）您知道××银行是亚洲十大最佳上市银行吗？（2）您知道××银行在全国有240多家分支机构吗？（3）您知道距离市场南门左边200米处有一家××银行吗？（4）您知道××银行最近举办了一个“存10万元送旅游”的活动吗？

这四个问题设计得很巧妙，回答这四个问题，就会对原本不知道的事情有了初步了解。尤其是最后一个问题，如果客户回答“知道”，那就顺便和客户聊聊是否已经参与活动，如果客户参与了，再问一下是否可以帮营销人员转介客户。如果客户回答“不知道”，那你就更有机会了。“这里好多人都参与了，这么好的活动您不知道太可惜了，我给您介绍一下吧！”这样就可以水到渠成地介绍自己的产品了。

◌ 陌生拜访最好两人同行

理财经理或客户经理平时在网点时间居多，即使外出拜访客户，也多是熟悉认识的客户。若面对陌生人侃侃而谈，还是需要一定勇气的。一个人去会让客户感觉实力不够，同时，对于刚刚开始进行陌生拜访的营销人员而言，他会有一种势单力薄的感觉，难免胆怯。所以建议不要一个人去陌生拜访，但去的人太多也不好，会让人感觉是去砸场子的，最好是两个人协作。

与客户沟通时要注意，为避免出现抢着和客户说话的尴尬，最好提前协商好角色——谁是主谈，谁是副谈。同时，确定好职责，主谈负责沟通，副谈负责记录、准备资料和提醒细节等。但在提醒细节的时候，应该稍加注意。比如，主谈在沟通中讲错了产品细节，副谈紧张得不得了，最后拍了下主谈，然后窃窃私语，这会给客户带来什么感觉呢？最好将问题记录下来，出门后再提醒。如果很紧急，可以写在本子上提醒，不要窃窃私语，否则，不管你说什么，都会在客户那里减分的。

◌ 自然从容靠“三装”

去陌生的环境中拜访陌生的客户，主场优势消失殆尽，紧张是不可避免的。作为营销人员，你不能指望看了本书之后立马就能做到泰然自若，但最起码要做到即使内心紧张，也要装得让客户看不出你紧张的样子。一个“装”字，是有不少学问的。多年前听石真语老师讲过一句话，今天都记忆犹新：“营销员要学会装，没见过大人物要装得像见过大人物一样，没见过大钱要装得像见过大钱一样，没见过大场面要装得像见过大场面一样！”

但是怎么装呢？人类的语言分为声音语言和肢体语言，肢体语言是潜意识的体现，交际高手善于通过肢体语言做出精准的判定。所以，请小心，不要让你的肢体语言出卖你。请牢记**“三装”：**

装笑，装慢，装定。

第一要“装笑”。营销人员到了客户那里，板着脸，不苟言笑，表现出一副紧张兮兮的样子，客户一眼就能看出你是个新手。“老江湖”到了任何地方都能够快速适应环境，驾驭场面。所以作为营销人员，不管你紧张不紧张，脸上都要挂着微笑。案例中的郭经理，面对客户的辱骂，还能笑嘻嘻地与客户攀谈，如果是一个有悟性和有高度的对手，瞬间就会对郭经理肃然起敬，在人格成熟度方面，已经甘拜下风了。

第二要“装慢”。小时候看警匪片，黑社会老大露面的时候，都是闲庭信步地出场，慢悠悠地踱着步，这样反而给人一种震慑力。那些急匆匆、毛手毛脚的角色都是小弟，都是上不了台面的。动物界不也是如此吗？狮子和老虎在森林中坦然自若地行动自如，但梅花鹿却紧张兮兮地支着耳朵，每吃一口草，都要抬起头看一会儿，然后再吃一口草，随时准备逃。为什么呢？没实力呗！所以，营销人员在进行陌生拜访时，无论是敲门、走路、端茶杯，还是入座、写字、递名片，举手投足间，速度不能太快，当然也不要太慢，否则会给客户一种萎靡不振的感觉！

第三要“装定”。心理学中讲到，人在紧张时，会不由自主地出现小动作，比如搓手、抖腿、抠衣角、玩东西、舔嘴唇、清嗓子、眨眼睛等。作为营销人员，你要尽量克制这些小动作，否则，会向客户传递一个信号——“我很紧张”。如果你不得不通过小动作来缓解压力，那就转移到喝水吧。套用第二要点，放慢速度，把喝水分解成若干个动作来释放紧张感。

◌ 绕开“小鬼”巧进门

如果拜访的是专业市场或者商圈，通常不会有什么障碍，但如果拜访大型的公司或企业，很多陌生拜访者，被保安拦在门外面连门都进不去，那么如何才能顺利进门呢？

浦发银行开封分行的翟经理在这方面经验颇多。**第一条是“约”**。虽然是陌生拜访，如果去扫荡工业区，最好在去之前提前做好功课，先把园区内的企业电话搜出来，预约一下再过去，进门的障碍就会荡然无存。

当然，如果遇到找不到电话或者约不到情况，那就用第二条。**第二条是“绕”**。这个绕可不是绕路进去，而是绕关系。有一次翟经理没有预约就去工业区扫荡了，结果被保安拦在门外，好话说尽，保安就是不让进去。这可怎么办？他没有离开，而是绕着企业的围墙走了一圈，为什么要这样做？因为很多企业的围墙上或者路边会贴有广告，广告上面会有电话，而这些电话通常都是营销部的，大家都是做营销的，会彼此体谅且容易沟通，今后指不定会彼此介绍客户呢！翟经理先和营销人员聊一下，约见营销人员更容易，见了营销人员之后搭上关系，再请营销人员帮忙转介到财务部。如果无法帮忙转介，最起码从营销人员嘴里可以得到目标客户的姓名。

第三条是“装”。某位客户经理惯用的伎俩就是对保安说：“市政府下了一个文件，需要各个企业控制金融资产风险，我是过来找你们财务部的……”

不管你用哪条策略绕过了保安，都不要扬扬得意。“阎王好见，小鬼难缠”，保安作为企业的第一条防线，还是要客气对待他们的。

别小看保安，他们可是企业的耳目，每次去拜访客户时，偶尔给保安点儿小恩小惠，熟悉了之后，保安也可以提供不少有用的信息。

◌ 面谈之前先减压

进入企业后，建议不要直接去找目标客户，为缓解内心的压力，可以先去一下卫生间。为什么要这样做呢？因为这一路上可以对企业的各个部门有个大概了解，通过员工的精神面貌也能够对企业的管理能力有些了解。同时，还可以通过卫生间看出一个公司的企业文化，比如打扫是否干净、物料是否齐备、设施是否正常等，越是小细节越能体现管理文化。尤其对非常紧张的营销人员来说，去卫生间缓解压力是非常必要的，怎么做呢？可以躲在小隔间里做“推墙法”，将双掌向前，放在胸前，假设前面有一堵墙，这就是你的压力，然后一瞬间将掌推出，这堵墙应声而倒，你的压力也随之释放，压力源于心、解于心。在尝试的时候，不要太入戏，打坏了隔间的门板是要赔偿的！

……… **要 点 回 顾** ………

出门之前先筹划

陌生拜访最好两人同行

自然从容靠“三装”

绕开“小鬼”巧进门

面谈之前先减压

第二章 建立信任：客户信任你，才会买你的产品

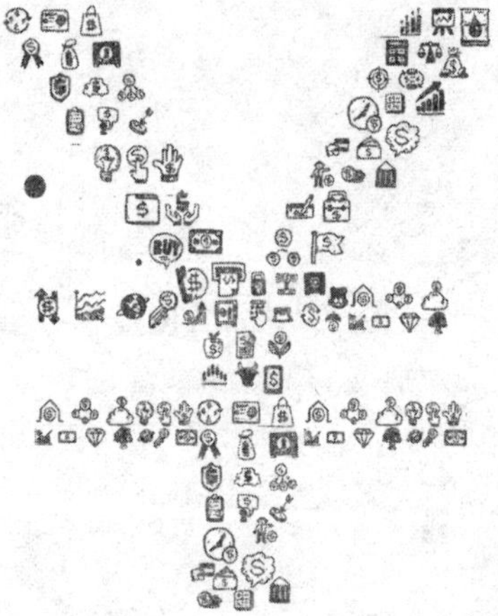

行里新推的“现金宝”业务明明收益高出他行，客户为什么还是拂袖而去？

同样是四个“9”的金条，同样的锻压技术，同样的镜面工艺，不同的是，我们行的价格比对面银行每克便宜12元，客户为何还是去了对面银行呢？

银行营销人员希望约客户见面，已经给客户打了三次电话，但每次客户都说没时间，难道真的那么忙吗？

客户的钱存的是活期，如果存在“天天赢”，收益会高十几倍，灵活性也不错，为什么每次营销人员刚开口说到“天天赢”的时候，就会被客户打断呢？

这些似曾相识的情景，每天都在上演，以从不谢幕的执着，带给营销人员一次又一次的无果而终。明明是对客户有利无害的事情，为什么会受到客户的反感和质疑？到底是哪里出了问题？尽管会有各种各样的观点，但最终都会聚焦于“信任”二字。听人讲过一句没节操的话：有了信任，老公就算天天去夜总会，老婆也深信不疑老公是去开股东会；没有信任，老公就算天天开股东会，老婆都会顽固地认为老公去了夜总会！这就是信任的魔力！

与客户在一起何尝不是这样？讲得通俗一点，那就是：**没有信任，你推荐什么，客户就排斥什么；有了信任，你推荐什么，客户就购买什么**。在通向营销高手的道路上，第一站不是学习产品与专业知识，而是洞彻人性。**营销高手的核心秘诀不外乎是对人性的理解与掌握**。

什么是营销？难道就是卖产品吗？站在广义的高度，就会发现：**能够影响他人的行为与能力的都是营销！**无论是追求心仪的女生，还是教育顽皮的孩子；无论是改变固执的下属，还是影响自己的上司；无论是调和激烈的冲突，还是建立互助的同盟，都离不开出色的营销才能！追求女生营销的是魅力，教育孩子营销的是伦理，改变下属营销的是逻辑，影响上司营销的是业绩，调和冲突营销的是稳定，建立同盟营销的是利益！无论是对个人的人生来说，还是对企业的命运来说，营销都是一件意义深远的事情！

可以说，营销无处不在。表面上做的是营销，实际上做的是心理。大道至简，营销第一步就是建立信任。没有建立信任之前，表面的热情难掩心里的戒备；没有建立信任之前，任何拒绝都只是一种推脱。唯有与客户建立了信任关系，客户才会脱掉外面那件厚厚的盔甲！切记，营销的第一步是建立信任：客户信任你，才会买你的产品。

理财人员不被信任的四大因素

情景案例

大客户拂袖而去究竟为何

王总来到网点办业务，正巧被理财经理孙小雨看到。王总办完业务后，孙小雨看王总不赶时间，就请王总到办公室喝茶，王总跟着孙小雨来到了理财室。

王总在沙发上刚刚坐下，孙小雨弯腰问他："王总，听说您喜欢喝茶，正好我这里有几种不错的茶叶，您喜欢喝绿茶还是红茶？"王总说："绿茶吧！"孙小雨用透明的玻璃杯子沏了一杯龙井，用双手将茶水放到王总前面的茶几上。王总说："真巧，平时我都喝这个茶。"孙小雨笑着说："我也是听高人指点，说成功人士都喜欢喝这个茶。但我以前喝红茶比较多，并不知道绿茶现在为什么这么受欢迎？"王总端着杯子抿了一口说："那你算是问对人了。现在的人应酬多，虽然不像以前那样吃大鱼大肉了，但还是荤菜多，油水大，这样一来，人体内的脂肪就多。别小看脂肪多，时间一久，就容易肥胖，而肥胖是万病之源。绿茶含有丰富的茶多酚，可以很好地分解脂肪、清理肠胃，像我们这样做生意的人，天天忙得没时间锻炼，可以通过喝绿茶来调理一下，你们坐办公室的锻炼也不多，多喝些绿茶还是不错的。”

孙小雨不住地点头，然后问道：“在冲泡绿茶的时候需要注意什么吗？”王总说：“这个问题问得很专业，即使再好的茶经过一通乱冲，也就糟蹋了。泡绿茶最讲究的是水，先不说水质，就这水温学问就很大，不能用沸腾的水来冲，最好是90℃左右，也就是把水烧开后，晾上一分钟再冲，否则100℃的开水，会完全破坏茶叶的……”

“噢，是这样呀。”孙小雨说这话的时候，脸色怎么看都有点儿不对劲儿，流露出一副欲言又止的样子。她为什么会出现那种表情呢？原来孙小雨昨天接到人民币理财的营销任务，正发愁没有目标客户呢！今天看到王总，她迫不及待地想问问王总有没有兴趣，憋了半天，这会儿终于忍不住了，于是开口说：“王总，我们有个人民币理财很不错，您喝着茶，我给您介绍下吧。”

说完，孙小雨盯着王总看他的反应。王总说：“是吗？人民币理财是个好东西呀，只是今天我还有点事儿，约了工商局的领导，这会儿快到点了，下次我再过来听你介绍，这茶叶挺不错，谢谢了。小雨，我先走了。”

望着开着奥迪远去的王总，孙小雨内心充满了懊悔，怎样才能让客户愿意听自己介绍呢？她对这个问题仍然充满着疑惑。

对于这种情景，很多银行营销人员都会有一种身临其境的感觉。

本来和客户聊得挺愉快的，这就是江湖中传说的“见光死”——不亮产品不死，一亮产品必死。很多营销人员会有疑问：不亮产品，该怎么进行营销呢？

◌ 客户产生不信任的原因：惯性屏蔽

针对上面的案例，请思考一个问题：王总是从哪一句话开始想逃离的呢？细细品味便会发现，原本聊得挺开心，只是听到“理财产品”时，王总立马就表示出没有聊下去的兴趣了。理财产品并不是坏东西，而且可以让王总的收益提高十几倍，但为什么他听到产品后，如同遇见洪水猛兽一般避之不及呢？

试想一下这样的情景：在家中的你突然听到一阵敲门声，打开门以后，门口的小伙子穿着笔挺的西装，笑容可掬地对你说：“您好，我是保险公司的……”不等他说完，大部分人的做法会惊人的一致，那就是“嘭”地把门关上。请思考，这会儿的拒绝是感性的还是理性的？乍一看是感性拒绝，只是这个感性拒绝是建立在理性的经验基础之上的。以往以开放和接受的心态，理性地听取了对方的介绍和意见后，却遭遇到诸多伤害和骚扰。所以，现在为避免这些麻烦，干脆选择直接拒绝，这就是惯性屏蔽。回到情景中，保险公司的小伙子呆呆地站在门口，手里捧着一个厚厚的信封，原来他是来送保险赔偿金的！

从这个情景故事中你会发现，哪怕是来给客户送钱，都有可能被客户拒之门外，更何况是营销呢？所以，作为营销人员，需要绕开的第一道屏障就是客户的惯性屏蔽。如何绕开？假设小伙子第一时间说出“赔偿金到了,我是来送钱的”,客户有没有可能打开门呢?会的。总结:你是谁、你的产品是什么等问题都不重要,能够给客户带来利益与好处的说话方式是最好的敲门砖。

惯性屏蔽是导致客户产生不信任的首要因素。当然,“横看成岭侧成峰”,客户产生不信任的因素也可以分解为多个方面,此处略作介绍。

◌ 营销人员不被信任的四大因素

思维:是求果而不是修因

营销之所以难,是因为把它想得太容易;营销之所以苦,是因为太执着于结果。营销人员要把每次营销都看作一次艰难的旅途,与客户协力前行,克服旅途中的困难,抵达共同的目的地。然而太多的营销人员眼中只有业绩,口中只有产品,这种带着功利的动机、明确的目的、生硬的语术走近客户的方式,在金融业的营销中必定四处碰壁,与客户的关系会渐行渐远。而那些对客户体贴入微,能够关注资金的安全、了解投资的风格、关心客户感受的营销人员,往往得到客户的信任。切记,营销工作重在修因,因上精进,果上随缘。

角色:是营销而不是顾问

尽管胸前挂着理财顾问的牌子,但对自我的认知还停留在营销人员的角色之中。顾问与营销的区别是什么?举个例子,你和两个朋友进入了一家餐厅,坐下来问服务员:“有什么特色菜?”一种服务员的做法是：一口气介绍了十道菜。后来你选了五道，服务员刚走，朋友说吃不完，要将后两道菜退掉。你喊服务员退菜，服务员说："已经下单了！"请问，这是营销还是顾问？显然是营销。另一种服务员的做法是：她会先问你们喜欢吃清淡菜还是味重菜，是红肉还是白肉，是酸的还是辣的，问完后，推荐三道菜。当你还想点第四道菜时，她会主动说："我们家的菜量比较大，三道菜就够了，点多了浪费，先吃着，待会儿真的不够了再叫我，我们家炒菜也很快！"这是营销还是顾问呢？显然是顾问。顾问，顾名思义就是要顾得上问，而不是一味地营销产品。切记，营销人员也是如此，只有多从客户角度去问，才能更了解客户的需求，才能够推荐适合客户的产品。

动机：是产品而不是难题

有不少营销人员会不止一次地提出这样的疑问："推销与营销有什么区别？"推销以产品为中心，目的是完成销售；营销以客户为中心，目的是解决难题。这是二者之间的区别。营销界曾经提出向医生学习营销的理念，这对刚入门的营销人员具有很大的启发和借鉴作用。

试想一下，如果你去看病，一进门，医生微笑着露出八颗牙齿，没等你开口说话就说："王先生，告诉你个好消息，我们医院最近搞活动，推出了一种新药，叫作泻停封牌泻立停，效果非常不错。最近搞活动，药费打 8 折，如果你买 10 盒，还送你一个茶杯。"假设你是病人，你会有何反应？一定会拔腿就走，边走边说："到底是我有病还是他有病？"

听起来像个笑话，但是这样的笑话却每天都在银行中上演，银行营销人员的思路不外如是，每天把药捧在手上，见到客户就一句话："您好，买点药吧！"这样的营销只会把客户从营销人员身边逼走。客户不知道自己有病，即使把 10 万元的药免费送给他，他都不会要；客户知道自己有病，即使倾家荡产也会买药。可见，营销的重点并不在药，而在于病。医生见病人后的第一句话并不是我有什么药，而是问病人哪里不舒服。这对银行营销有什么启发呢？以后见到汇款的客户，不要直接说"你开个网银吧"等这些容易让客户反感的话，而是要问客户："等了多久了？""从家里过来远吗？""汇款手续费高吗？"切记，银行营销人员要如同医生一样，先找病，再开药，只有当客户有了痛点，营销人员才会找到卖点。

方式：是直接而不是含蓄

作为营销人员，你需要了解人性，这世上没有人喜欢赤裸裸的营销，而是喜欢置身于充满了人情味的环境中，因为这会让人不知不觉地放下防备。假设你逛街到了一家服装店，一进门，店主非常热情，开口就问："小姐，你要什么颜色、什么价位、什么款式的衣服？"你会如何回答？"我随便看看。"如果店主追根问底，跟在你后面继续不停地说，你会怎么回答？"我到别家看看！"这就是赤裸裸营销的后果，目的太明确的营销会让客户失去与营销人员接触下去的兴趣。如果客户对你不感兴趣，那他对你营销的产品更不会感兴趣！

试想一下，如果店主见到你进店后，开口说："欢迎光临，这条街上有 86 个服装店，今天您能进到我这门里面，缘分呀！买不买无所谓，随便看看吧。”请问，此时你会是什么感觉？银行如同店铺，营销岂不同理？营销的第一步不是营销本身，而是隐藏目的，呈现情感与利益。见过一些银行是这样子做的：夏天时，大客户刚停下车，理财经理就抱着车衣冲出来为车子遮阳；中午时，为等候区的客户提供小点心……这些看似不起眼的行为，都为他们的营销埋下了伏笔。营销千万不要过于直接，要隐藏目的，呈现情感和利益。

要点回顾

客户产生不信任的原因：惯性屏蔽

营销人员不被信任的四大因素

- 思维：是求果而不是修因
- 角色：是营销而不是顾问
- 动机：是产品而不是难题
- 方式：是直接而不是含蓄

扮演客户期待的角色

情景案例

季末大额取现的巧妙挽留

季末的最后一天，很多理财经理最怕大客户来银行大额取现。如果给客户的话，任务就完不成了；如果不给客户的话，客户有可能把钱全部取出来之后一去不返。面对这个难题，一些被逼无奈的理财经理开始通过各种不同方式挽留客户：“张总，真对不起，现在没那么多现金，您明天再来吧！”“田总，真对不起，今天系统升级维护，取不出来，明天您再过来好吗？”“李总，真对不起，大额取现要行长签字，他正好出国，明天回来！”这样的回答也许会暂时留住客户，却永远地失去了客户的信任。留住了客户的钱，却失去了客户的心。留住钱是暂时的，留住心才是长久的。

面对这样的无奈，首先要考虑手中的客户结构。坦白地讲，并非手中都是大客户就是好事。如果理财经理手中的客户结构是大客户占 30%，中小客户占 50%，新增客户占 20%，相对来讲，业绩要稳定很多，不会因为某些客户流失发生比较大的业绩波动。同时，对业绩的增长也做好了铺垫，**这就是客户比**

例的 352 法则。其次要考虑的是业绩指标一旦完成就裹足不前，没有足够的客户，没有预留的波动业绩，有可能会在节骨眼上出现前功尽弃的状况。

面对这种季末大额取现的客户，到底该如何挽留？很多人认为第一步是先了解客户取现的原因。没错，了解原因固然对挽留策略的制定有着至关重要的作用，但一开口就问用途，会不会招致客户的反感和警惕呢？下面看看理财经理徐丽是如何做的。

当徐丽听到孙总说今天要过来取现 200 万元时，她内心泛起一阵酸楚，今天可是考核时点，经过千辛万苦的努力，业绩总算完成了，这要是取走了，不就白辛苦一场吗？但即使是这样，徐丽的脸上并没有流露出一丝不快，她依然微笑着说：“孙总，您可是我们的大客户，不管您什么时候需要钱，请放心，我们都会想尽办法来帮您解决的，不过，200 万元毕竟不是小数，您要的又比较急，我到后面去看看！”

说完后，徐丽给孙总端了杯水就离开了。三四分钟后，徐丽回来了，说现在现金不够 200 万元，已经通知支行了，会想办法解决的，可能需要等几分钟。

客户看到徐丽积极地帮自己办理取现，心里踏实了很多。这时候徐丽才开口问道：“孙总，200 万元现金放在身上多不安全，银行有很多方式不需要使用现金也能操作的，冒昧地问一下，您取这么多现金要做什么用呢？”孙总说：“有个远房亲戚，好多年没联系了，前几天打电话，说在网点里做主任，季末拉存款任务很重，还有缺口，让帮帮忙！”

徐丽听孙总说完后感慨道："孙总，怪不得您朋友这么多，您可真是个热心肠，这么讲义气的人现在可不多了！"孙总说："出门靠朋友，大家都是互相帮忙。"徐丽接着孙总的话说："是呀，银行的工作压力大，完不成任务扣奖金不说，搞不好还会被末位淘汰呢。孙总，咱们交往了这么久，我一直把您当大哥看待，您其实也一直把我当朋友，您说是吧？"孙总听到这里，其实也心知肚明，但他不置可否地笑了。

徐丽接着说："孙总，我没别的意思，对于您的钱，您有绝对的自主权，好歹还有一下午的时间，我出去找朋友碰碰运气，说不定任务也能扛过去，您也说了，出门靠朋友！"孙总听到这里，也不好意思糊弄徐丽，说："徐经理，这次虽然是多年不来往的远房亲戚，但也是亲戚，实在抹不开面子。这样吧，平时你也帮我不少，我留下50万元，算是给你帮点儿小忙，你看好不好？"徐丽赶忙笑着说："孙总，我真没有让您为难的意思，您真是够仗义的，看我有难处也帮我打算，既然您这么说了，那我就不和您客套了，说真的，50万元在您眼里是小钱，今天在我这里可是帮大忙了……"

徐丽大大方方地帮孙总取走了150万元，没想到不到两个月，孙总反而带着300万元又回到了徐丽这里。

客户反感的三大角色：骗子、奸商、推销员

骗子

银行的营销人员面对客户大额取现，用系统升级、行长出差、

没有库存等方式硬性挽留客户，往往并不能达到预期的效果。金融行业赖以生存的基础是客户信任，客户的钱买了银行的理财产品，代表着对营销人员的某种信任。而营销人员一旦出现欺骗行为，无论是有意的还是无意的，是恶意的还是善意的，得到客户的原谅并不难，但想再次得到客户的信任，几乎是不可能的事情了。切记，客户最反感的第一个角色就是骗子。

奸商

“刘总，钱再放一天吧，当是帮我的忙，回头贷款我一定帮您多争取点儿！”这样的回答看似充满了互帮互助的味道，但细想想，就会品味出功利的味道。客户最讨厌以交换为筹码，这种唯利是图的方式会让营销人员成为客户反感的第二个角色——奸商。

推销员

还有一种营销人员，直接告诉客户自己有任务，跟客户商量是不是可以不取走、帮帮忙。虽然开诚布公，但对自己有利益、对客户没有利益的事情做得太多了，会不会让客户感觉你就是个只为自己考虑而不为他人着想的营销员呢？这是客户最讨厌的第三个角色——推销员。

◌ 客户期待的三大角色：朋友、医生、大管家

朋友

客户为什么会买金融产品？相信很多人会毫不犹豫地回答：“因

为收益！”如果是这样，为什么客户面对投资公司24%的年化收益率仍然会不屑一顾？为什么很多人面对P2P（互联网点对点借贷平台）12%的年化收益率会无动于衷？为什么面对“XX宝”类网络金融产品会视而不见呢？客户购买金融产品的决策动机到底是什么？

试想，股票高歌猛进时，老百姓是根据什么来决定选购哪只股票呢？不是所谓专家式朋友的推荐，就是朋友圈子中散布的内幕，或者是专家的股评，不外如是。你会发现，在客户无法去分析、判断产品时，购买决策的核心依据是信任！此信任不仅仅是对产品的信任，更是对推荐者的信任。这给银行营销人员带来的启发就是：产品再好，客户未必购买，但如果得到了客户的信任，那么客户往往不计较收益，而且会选择欣然接受。所以，在银行营销人员与客户的接触中，首先不要急于介绍产品，而是如何走进客户的心里，只有客户接受营销人员，才会接受其所营销的产品。营销理财产品如同做人，与客户成为朋友将使营销无往不利。当然，与客户仅有一面之交就成为朋友实在太难了，朋友关系的建立是需要时间积累的。

医生

医生是最高明的营销人员，不用陌生拜访，不用电话营销，客户主动上门，而且推荐什么，客户就会购买什么，没见过和医生商量吃什么药的人。更难得的是，客户不仅不会讨价还价，而且买了药、治好了病之后，还对医生感恩戴德。医生为什么具备了营销高手的特征呢？那是因为医生具有专业权威，客户渴望治愈自己的病。我反复强调这个理念，银行营销如同医生，营销人员并非营销药品，而是通过望闻问切，帮客户找到他在理财方面存在的“病患”，进而帮他实现高收益。营销人员的目的是帮助客户解决问题，顺带着卖点儿金融产品。产品是药，需求是病，先帮客户找病，再帮客户开药。

大管家

你代表的是谁的利益，决定了你的可信任度。如果你代表的是银行与个人的利益，那被客户拒之门外绝不稀奇；如果你代表的是客户的利益，处处为客户打算和着想，那么让客户对你产生信任或依赖，只是时间早晚的问题。理财经理应该如同客户的大管家一样，在金融方面做得事无巨细，帮助客户打理得一清二楚。我见过一个理财经理，在客户的亲属遭遇横祸去世时，多数人送花圈，写个悼词就完事了，而他却为客户亲属的保险金忙前忙后，不用客户操心便将其处理妥当。还有一个理财经理给客户房贷设计了六种还款方式，并做出了详细的表格，向客户介绍各种还款方式的优点和缺点，帮客户选择了最适合的还款方式。客户在金融方面并非都是专家，理财经理要充分发挥代言人的角色，帮助客户处理金融难题，做好客户的金融大管家。

◌ 客户流失的两种形式：暂时流失与永久流失

铁打的银行，流水的客户。在理财经理眼中，客户流失是正常现象。我建议对客户流失情况做一个分类：暂时流失和永久流失。如果选取了正确的策略，客户的永久流失会变成暂时流失。如果采用不当的方式，客户的暂时流失也会变成永久流失。以徐丽挽留客户的案例为例，最初孙总的资金虽然会流失，但徐丽的挽留方式并没有永久地失去孙总这个客户。

原来，孙总带着150万元到了亲戚工作的银行，亲戚说："不够呀，还需要100万元！"孙总一咬牙，心想帮人帮到底，又去了另外一家银行取了100万元，将250万元放在了亲戚的银行中。结果到用钱的时候，亲戚反而经常以系统升级、没有库存等借口对孙总处处设防。终于有一天，孙总逮着机会，把250万元从亲戚所在的银行里取了出来。对亲戚所在的银行来说，客户是暂时流失还是永久流失？是永久流失。今后即使这家银行的收益高，孙总会不会再回来呢？不会。试想，孙总拿着250万元站在十字路口，他会存在哪家银行呢？无疑是徐丽所在的那家让他感受到自由与关怀的银行。孙总最终把更多的钱放到了徐丽这里。

客户流失很正常，留钱不留心，客户流失是早晚的事情；留心不留钱，即使流失的客户也会再流回来。唯有用大气与感情使客户感到自由与信任，客户才会回流。如果对客户充满了警惕与阻碍，客户早晚会流失，而且是一去不复返。

◌ 挽留客户的三个步骤：表态，分析，挽留

对营销人员而言，挽留大额取现客户，第一步并不是挽留，而是表态，即表明你立即就为客户办理的态度，让客户安心。只有让客户感到不是第一次遭遇取款时的各种挽留，给他吃了定心丸之后，你才可以通过寒暄，探寻客户取现的真相。否则，一上来就问客户："取这么多钱干吗？"能招客户待见吗？

第二步是探寻。探寻时不要突兀地直接发问，学学徐丽，问之前先有个铺垫，让人感觉你是站在客户角度考虑，客户不反感时才可能给予你回答。

第三步是挽留。客户季末流失原因有两种情况：一是人情帮忙，二是他行收益高。案例中提到了如何挽留，采用了以退为进的方式，站在事件发展和事态进化的高度来处理。

要点回顾

客户反感的三大角色：骗子、奸商、推销员

客户期待的三大角色：朋友、医生、大管家

客户流失的两种形式：暂时流失与永久流失

挽留客户的三个步骤：表态，分析，挽留

用满意服务给自己加分

情景案例

无优势银行如何打造核心竞争力

作为一家代理多数业务的银行，A银行甚至不能被称为真正意义上的银行。身处广州这样一个金融业竞争激烈的大都市中，该银行的产品不但比较匮乏，而且收益低，与他行相比，缺少足够的竞争力。为什么客户明明知道收益低还依然不离不弃？为什么即使银行搬家，客户依然会来办业务？为什么季末冲刺的时候客户会把钱转存过来进行友情支持？这些想都不敢想的事情，竟然真实地发生在A银行。这些成绩足以让那些固执地认为收益为王的营销人员无言以对。在百思不得其解的迷惑中，我抱着好奇心理，走访了A银行的十几家网点之后，仿佛找到了答案。

当大客户把车停在网点门口，刚刚下车的时候，客户经理已经冲了过来。他来做什么呢？很多人会猜是代客泊车、帮忙拿东西等，其实客户经理手里面抱着一个防紫外线的车衣，他一边用车衣把客户的车罩起来，一边和客户寒暄："孙总，待会儿您走的时候车里就不那么热了！"

在等候区，按照每家银行的标准配置，一排排椅子前面放置着电视、电子海报栏、主叫屏、折页架等，几乎看不出什么区别。但在这家银行的等候区我发现，旁边的桌子上还多了一个小东西，是一台欧姆龙血压仪。不一会儿，一位老大爷站到旁边准备解袖子捋胳膊，此时，大堂经理走了过来，嘴里面还唠叨着："孙叔叔，最近还在吃拜新同吗？西药还是少吃一点儿，是药三分毒。"边说着边帮孙大爷把袖子捋上去，开始测血压。"高压 140，低压 90，上次您好像高压 150 了，是吧？""小梁，记忆力真好，我这段时间换了药，看来效果还行！"一边说着，一边把胳膊抽了出来，没等他伸手，大堂经理就用双手把他的袖子拉了回来，还顺手帮孙大爷把扣子给扣好了……

中午，等候区的客户看起来有点儿焦躁不安，毕竟已经到了饭点，还要忍受着饥肠辘辘等候办理业务。一些客户似乎已经坐不住了，站在柜台前面踱来踱去。这时，大堂经理双手托了个盘子走了过来，她端的是什么呢？多数人会想到水，我也不例外，结果出乎我的意料，托盘上面整整齐齐地摆着独立包装的素饼。只见大堂经理走到等候区，边走边说："让大家久等了，先吃点小点心垫垫肚子吧，这些素饼比较清淡，而且是无糖的，大家随便吃一些吧！"看到一些客户有点儿不好意思，大堂经理还主动将素饼端到其面前说："大爷，这素饼特别好吃，您尝一个吧！"老大爷拿了一个后，大堂经理挨个送到了每个人的面前，一边发，还一边说："赵大爷，您吃完点心后喝点水，别噎着了，饮水机旁边有纸杯……"

进入VIP区域，我四处张望了一下，貌似没看到什么不一样的地方，准备坐下来的时候，却发现沙发上摆着黑黑的厚垫子，刚刚坐上去，大堂经理就走了过来，像老朋友一样说道："我帮您打开吧！"我点了一下头，垫子开始动了起来，原来是个按摩垫。大堂经理又问："这是中等力度，先生，需不需要再大一点儿呢？""好，再大一点儿试试看……"

走访了近十家网点，几乎在每家都能看到类似的情景。尽管这一次暗访只是对他们的物理环境做了一个初步了解，但见微知著，从这些服务的细节中，我似乎明白了他们客户盈门的秘密，那就是服务营销！

什么是服务营销？**不以营销为动机的服务是真正的服务营销**。服务作为营销的基础，越来越受到各家银行的重视，只是对什么样的服务才是客户期望的、什么样的服务能够打动和留住客户等问题，好像还没有头绪。几乎所有的银行都完成了硬件转型——宽敞明亮的大厅和干净整洁的环境，但仅仅这些不能成为打动客户的条件，因为多数银行的服务只是保健因素，缺少激励因素（见图2-1）。

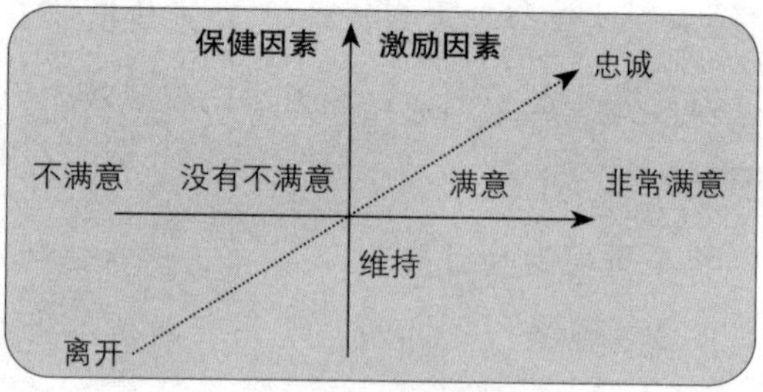

图2-1　服务营销的两大因素

◌ 保健因素：做得再好，客户不会满意；做得不好，客户却会离开

什么是保健因素？参照图2-1，指的是那些即使你做到了极致，却只能让客户产生没有不满意效果的服务。不难发现银行中有哪些保健因素了吧？比如，“作为点钞第一名，能够快速为客户办理业务”，这是很好的服务，但仔细思考一下，即使你用最快的速度给客户办理业务，客户也仅仅会产生没有不满意的感觉。但如果办理业务速度比较慢，恐怕会不可避免地让客户产生不满意的感觉。还有很多保健因素，比如，大堂卫生打扫得一干二净；对客户笑脸相迎，标准的服务用语；耐心解答客户业务中的疑问等。通俗地说，这些事做得再好，客户都不会产生满意的感觉；做得不好，客户却会因为不满意而离开，这类服务统称为保健因素。

◌ 激励因素：能够让客户满意甚至产生感动的服务

激励因素指的是那些能够让客户满意甚至产生感动的服务。记得一个夏天的中午，一位客户因为银行的好朋友到了季末冲刺阶段，需要取点儿钱给朋友帮帮忙，就开车到附近一家网点取款。他将车停好之后，进入大堂，跟客户经理也算是熟人了，客户经理也没有问他要办理什么业务，只说：“这大热天的，待会儿您出去的时候车里一定很热，我去给您的车降降温！”说完，客户经理从桌下面的柜子里抱出了一个车衣，快步走到停车区，和保安一起把车子罩了起来。就这么一个小动作，竟让这位客户瞬间萌生出一阵小感动！

俗话说“人敬我一尺，我敬人一丈”，季末的时候，大家都有难处，面对这么体贴入微的客户经理，客户能忍心让他为难吗？最后，只取了计划取款的一半……

◌ 激励因素两大特征：与业务无关，他行没有

我的老师余世维指着会议室外的陆家嘴讲过一句话：“中国人可以用 5 年的时间，把国外做了 50 年的硬件做起来，但能不能把人家做了 50 年的软件也学习过来呢？”中国银行业的变革在今天仅仅是个开始，硬件的转型已经基本完成，“高大上”似乎成了银行的基础标准。传统的营销比拼的是收益，而今天的营销比拼的是体验。如果还停留在依靠高收益的人民币理财图谋天下的思维方式上，那早晚会被淘汰出局。客户，尤其是大客户，关注收益，更关注自身的体验。

激励因素究竟具有什么特征呢？纵观这么多能够打动客户的服务，激励因素具有两大特征，那就是**“与业务无关，他行没有”**。与业务相关的服务做得再好，客户都认为这是你的职责。跳出业务的范畴，真正关注客户体验的行为，超出了客户的预期感受，就容易给客户留下满意或感动。

◌ 培养激励因素的三个入手点

如何培养银行网点的激励因素？

创新——人无我有

银行如果仅仅依靠保健因素，只能从基础方面来维持客户，唯有激励因素才是吸引客户、留住客户的关键因素。如果银行的服务仅仅停留在物理环境、业务能力、基础服务等保健因素方面，恐怕与客户的关系会渐行渐远。保健因素与激励因素结合起来，效果更佳。激励因素可以成为一家银行吸引客户的核心竞争力。服务需要硬件，更需要软件的支持，目前在多数银行的服务还停留在起步阶段时，只要比其他银行为客户多想一步，就能得到客户加倍的回报。

在前面案例中提及的这家银行里，我还发现了令人感动的一点——提供老火靓汤。广东人有煲汤的习惯，在网点厨房中经常会煲莲藕排骨汤、老火菜干汤、银耳糖水等。大客户来到理财室的时候，为客户端来一碗散发着诱人味道的靓汤，这会给客户一种回家的感觉。

儿童节的时候，为每个进入网点的小朋友发一个小玩具；冬天的时候，他们还在等候区的椅子上铺上手缝的布垫子……这虽然是一些细节，但留住客户不就是靠众多细节积累起来的吗？人无我有，比其他银行多为客户考虑一点儿，也许不需要太多的成本，但以我真心换你心，必然会得到客户的尊重和忠诚。

改良——人有我精

请问，端杯水给客户算不算是激励因素？每当提到这个问题，便有两种声音在耳边交替响起，有的说算，有的说不算。如果整个银行业从来没有为客户提供过茶水服务，而今天你作为第一家提供此服务的网点，就可以算是激励因素。如果其他银行都为客户提供了茶水服务,那你提供此服务,就是保健因素了:如果没有此类服务,客户会不满意;但如果有此类服务,客户也不会很满意!纵观各银行网点,为进入理财室的客户提供茶水服务恐怕是再正常不过的了。银行的产品同质化,如果服务也同质化,怎么会有竞争力呢?大家都有的茶水服务,你所提供的茶水服务与别家银行有什么不一样的地方呢?在相同中寻找出你的与众不同之处,给客户一种更贴心的感觉!

元宵节来临,作为行长,你会想到什么呢?不少人会想到借助节日进行营销。没错,业绩是银行赖以生存的保障,但服务是营销的基础,更是营销的最高境界。前文案例中提及的银行,在元宵节中午 11 点到下午 1 点的两个小时中,在网点厨房中现时煮好汤圆,用一次性碗装好,为等候区的客户每人提供两个汤圆。如此就给了客户一种特别温暖的感觉。

广东人喜欢工夫茶也是出了名的。在福建和广东的理财室中,经常可以看到茶具,这点没什么稀奇。那如何做到人有我精,提供差异性服务呢?同样是喝工夫茶,但在这家银行的理财室中,每次客户离开后,理财经理会把客户喝茶的杯子收起来,当下一个客户来的时候,理财经理会端出另一个杯子。原来他们提供大客户专属茶杯服务,每个茶杯下面有一个编号,分别对应着一位客户。每次客户来的时候都是用自己的专属杯子,这样就会给客户一种体面和温馨的感觉。

人有我精。如果没有创新点,就从同质化的服务中找寻到不同点,比别人做得更加贴心一点儿,一样能够赢得客户的真心。

升级——人精我绝

人精我绝就是要寻找到自己的差异点，为客户做一些其他银行无法提供的服务。你也许会很惊讶，这怎么可能？在没有进行深度思考时，好像是一筹莫展；但如果深入思考的话，你会发现是可能做到的。这家银行虽然产品单一，多是代理业务，但最大的优势就是网点众多，渗透率高，在全国有 36000 个网点，而且覆盖面广，无论城市还是农村都有他们的网点。这些特征能够产生哪些激励因素呢？

如果对企业比较关注就会发现，用工难现象越来越突出，很多企业老板被这个问题困扰。无论是从人才市场招聘还是从网络招聘，企业都无法很好地招来工人。客户的难题就是服务的切入点，这家银行敏锐地发现客户存在这样的难题后，开始思考他们能够为客户提供什么服务。工人多数来自于农村，而农村分布着银行很多网点。招工重点是建立起信任，而如果以银行作为媒介的话，正好可以打消工人们的疑虑。于是他们联动村镇网点，在网点门口摆出招工海报，登记报名，达到一定数量时，通知客户到村镇集中面试，筛选工人，就这样解决了客户用工难的难题。银行不仅能提供金融服务，而且客户用工难的问题也得到了解决，此时，客户忠诚度会不会有所提高呢？这一招是其他银行想学都学不来的。

如果你在其他银行工作，也许会问："我们在村镇没有网点，我们是个区域性银行，我们如何设计绝招呢？"的确，每一家银行都有自己的优劣势，根本就找不到标准答案。土耳其有一句谚语："上帝为每一只笨鸟都准备好了一个矮树杈，总会有落脚的地方！"尺有所短、寸有所长，取长补短，总能找到适合销售自己银行产品的绝招的。

要点回顾

保健因素：做得再好，客户不会感到满意；做得不好，客户却会离开

激励因素：能够让客户满意甚至产生感动的服务

激励因素两大特征：与业务无关，他行没有

培养激励因素的三个入手点

· 创新——人无我有

· 改良——人有我精

· 升级——人精我绝

巧妙沟通，打动人心

情景案例

穷追猛打丢客户的董经理

休眠客户是银行的资产还是负债，取决于是否开展了有效的维护。理财经理董旭最近的重点任务是激活休眠客户，对于刚刚就任理财经理的董旭来说，虽然第一次接手这样的工作，但他满怀信心。

每天的电话量不低于40个，不到两天，就有客户确定了明天上午10点半来网点聊聊。董旭那个开心劲儿就不用提了，首战告捷。第二天，10点半到了，却没见客户的影子；10点50分了，客户还没有过来。董旭正准备给客户打个电话时，保安跑过来说："董经理，有人找你！"保安领着董旭来到了大堂，见到了昨天约好的闫女士。见面后，她客气地说："不好意思，在来的路上遇到了熟人，聊过时间了！"董旭说着没关系，就把闫女士带到了理财室。等闫女士落座后，董旭赶忙冲了一杯咖啡端了过来，闫女士客气地扶了扶杯子。

董旭一坐下来就开始口若悬河地向闫女士介绍起来，先一口气讲完了定投，发现闫女士一言不发，好像兴趣不大的样子，于是话锋一转，介绍起黄金来："闫女士，看您对定投不感兴趣，我再给您介绍一款热销产品，就是我们的金条，四个"9"，有证书，货真价实，大师设计，非常适合您！您买个20克的金条，平时放在家里也可以拿出来养养眼把玩下。什么时候黄金涨价了，您将其转手一卖，就是一笔收益，多好呀！"闫女士只是敷衍地"嗯"了一声。董旭心里琢磨，闫女士对黄金也没兴趣，全职太太危机意识强，普遍喜欢保险，推荐这个准没错。

董旭喝了口水，准备开始新一轮的狂轰滥炸，没想到，刚一开口，闫女士终于说话了："董经理，能看出您是个很热情的人，对产品也足够了解，谢谢您的邀请，这些产品我兴趣不大，我还有点事儿，就先走一步了！"没等董旭回话，闫女士就站起来匆匆离开了银行。董旭送走闫女士，回到理财室，重重地坐在了沙发上，呆呆地看着茶几上的杯子，心理涌出一阵莫名的悲伤，咖啡还是热的，客户却已经离开了……

这种苦楚是不是很多理财经理都感同身受呢？没错，从事营销工作，谁没有经历过这种情况。理财经理一腔热情地向客户介绍，面带微笑，口若悬河，换来的却是客户的不理不睬，跟陌生客户的初次沟通难道就这么难吗？

反观一下那些业绩好的理财经理，他们见到客户后，几乎流露不出营销的痕迹，手中无剑而心中有剑，和风细雨般地寒暄聊天，不动声色地交流，却能换来一个个大额的单子。这到底是什么原因？外行看热闹，内行看门道，单纯地复制他们的语术也会进入走投无路的死胡同。找到他们的规律，才会让自己具备举一反三的能力，才能在与客户的沟通中做到轻松驾驭！

也许沟通风格和沟通时间不同，也许面对的客户不同，但总结其沟通结构，却能发现也是有规律可循的。他们与客户见面后并不急于介绍自己的产品，而会采用寒暄的方式，聊一些看似与业务无关的话题。等与客户拉近距离后，再开始沟通业务话题。客户最反感银行人员推销，所以，第一步并不是开门见山，而是让客户感受到今天沟通的价值，让客户明白见面的正向动机。动机呈现非常重要，如果动机是营销产品，客户会树起防火墙。如果动机是帮助客户解决难题，客户会敞开心扉。待客户心安后开始进入主题对话，如果想吸引客户，就两个字—“痛快”（即痛苦与快乐）。客户的成交动机只有两个，一个是逃避痛苦，一个是追求快乐。对话结束后，不要着急和客户说再见，在客户离开前，确认一下今天谈话的重点内容，并将下一步要做的事情与客户进行确认。

总结沟通语术的结构，共分为四个步骤，第一步：预热沟通—寒暄赞美；第二步：动机沟通—目的呈现；第三步：主题沟通—理念传导；第四步：总结沟通—要点确认。

◌ 第一步：预热沟通——寒暄赞美

陌生人之间似乎隔着一层看不到的玻璃墙，让“小白式”理财经理不知道如何才能走进客户心里；老道的理财经理似乎有一个无形的小锤子，在不知不觉间敲碎了这层玻璃墙，能让陌生感一下子灰飞烟灭，与客户一起营造出一个融洽、愉悦的沟通环境。到底是什么样的神器呢？其实，这把砸碎玻璃墙的小锤子就是寒暄。

理财经理和客户见面后，不要急于进入一本正经的产品介绍中，即使再有素质的客户也受不了这种“礼遇”。见面后，第一件事是“消除客户的警惕与抵触心理”。如何消除呢？可以先做个热身运动以调整情绪。客户能够来网点见面，说明他还是对你有点儿好感的。如果过早地介绍产品与促成交易，反而会让客户感觉“压力山大”，好不容易建立起的好感也将瞬间烟消云散。试想下面的两种情境。

A：宋女士，您好！您的账户里有不少钱存了活期，其实您可以考虑买一些理财产品，最近的收益还是挺高的。我们有两款产品的收益率分别为 4.6% 和 5.1%，期限分别是 30 天和 90 天，您看您希望购买哪一款呢？

B：宋女士，您好！不瞒您说，第一次给您电话的时候，我还有些紧张，但电话中您的声音不仅好听，而且热情，一下子就让我心里有种和朋友聊天的感觉。今天和您一见面，才发现，您不仅声音好听，人长得更好看。您特像我一个表姐，我就叫您宋姐吧……

如果你是客户，会希望面对哪一种理财经理呢？**让客户愿意听你讲话，比你讲什么话更重要！**

◌ 第二步：动机沟通——目的呈现

曾经听过刘子熙老师的分享，他讲过的一个 PPP 原则，让我记忆犹新。没有经过他的允许，我调整了 2 与 3 的顺序，不知道这样的呈现顺序会不会带来不一样的感受。这个原则横跨了沟通的第二个步骤与第三个步骤。什么是 **PPP 原则**？下面用一个表格来进行说明（见表 2-1）。

表 2-1　PPP 原则

英文	释义	概括
purpose	谈话的目的是什么	动机呈现
profit	对客户有什么好处	核心价值
process	我们需要做些什么	沟通主题

客户与理财经理见面后，会不由自主地假设："你不就是想向我卖产品吗？"如果这时候理财经理开口就提产品，客户心里就会扬扬得意地想："我没猜错吧，就知道你安的什么心！"然后，他拿出早就准备好的反驳话语进行对抗。内心不够强大的理财经理此时会灰溜溜地甘拜下风；而如果遇到一个强势的理财经理，此时的营销会变成辩论会。无论是哪种结果，成交似乎都与理财经理无缘了。那么寒暄后的下一步要做什么呢？不要着急亮出产品，而是呈现动机，让客户清楚地知道今天的见面会给他带来什么。我们来看看非专业营销人员与专业营销人员之间所用语术的差异。继续上面的案例：

宋女士，您好！不瞒您说，第一次给您电话的时候，我还有些紧张呢，但电话中您的声音不仅好听，而且热情，一下子就让我心里有种和朋友聊天的感觉，今天和您一见面，才发现，您不仅声音好听，人长得更好看。你特像我一个表姐，我就叫您宋姐吧！

A：宋姐，我准备向您介绍一款人民币理财产品，收益可高了，有 4.8% 呢，期限是 40 天，这款产品很适合您，建议您买 20 万元看一下好吗？

B：宋姐，作为您专属的理财经理，让您资产增值是我的责任，所以对您非常关注，发现由于资产结构单一，您每个月最少损失3000元。看到您有损失，我实在忍不住，才约您今天过来聊聊如何规避这些损失……

A和B哪种说话方式客户感觉会更好呢？选择B的应该占大多数吧！为什么呢？如果从动机角度思考，A语术所呈现的动机是营销产品，B语术所呈现的动机是解决问题。A语术是以产品为中心，B语术是以客户为中心。说得通俗点，A语术说的是自己的事，好像与客户无关；B语术说的是客户的事，好像与自己无关。

总结一下，呈现动机，让客户明白沟通的价值，为下一步营销做好铺垫。呈现动机环节有两项需要注意：**（1）营销的第一步不是让客户喝水，而是让客户感觉到口渴；（2）以客户为中心，以难题为主题，切勿以产品为中心，以营销为主题。**

◌ 第三步：主题沟通——方案讲解

不少人提出这样的疑问："方案讲解？为什么不是产品讲解呢？"提出这个问题的人还没有走出推销的思维定式，作为银行的理财经理，你如果把"营销产品"当作你的目的，会碰得头破血流。理财经理存在的价值是帮助客户打理资产，而产品正是客户金融资产管理的工具。所以这里讲解的不是产品，而是如何解决客户金融难题的工具。比如网银，如果站在网银本身的角度去营销，就会步履艰难，而站在帮客户节约时间成本、费用成本等难题的角度去营销，就会取得双赢。所以，主题沟通的第一要点就是**换位讲**。

在主题沟通这个环节，最好的交流环境是哪里？很多人会说是面对面的沟通环境！没错，但令人感到纳闷的是，为什么明明知道需要进行面对面沟通，还是有不少营销人员在电话中就迫不及待地向客户开始介绍呢？

前两个沟通步骤可以不局限于面对面的沟通，但讲产品这个环节的第一个要点就是要当面沟通。在这个前提下，营销人员才能充分发挥察言观色的能力，及时掌握客户的心理变化，抓住恰当的时机向客户进行介绍。

人的语言分为声音语言和肢体语言，而肢体语言是潜意识的折射，更能看出客户真实的内心。尽管客户口中表达着接纳的热情，肢体语言却在不知不觉中出卖了他，比如双手抱在胸前，将双手交叉放在前面的桌子上，沟通的时候不时地看表，谈话中不时地玩弄着钢笔，等等。这些动作传递出了一个相同的意思，那就是还没有完全接纳和认真倾听。这时候就不要急于进入方案讲解环节，而要继续就客户目前的难题进行深入的沟通。客户可以不关心营销人员做的方案，但不会不关心自己的得失。所以主题沟通的第二要点就是**当面讲**。

有的营销人员一旦进入介绍环节就开始滔滔不绝，恨不得把所有知道的都倾囊讲出。想必出现这样的人不在少数。如果向大家提一个问题：营销员说得爽可以成交，还是客户说得爽可以成交？相信大多数人都会不约而同地回答后者，但明明知道答案，现实中还是不乏口若悬河者。通过大量的观察，我得出一个结论：**营销中把单向沟通变成双向沟通，成功率会提高三倍以上**。也许你会有疑问：

“我也想让客户讲，但客户就是不愿意讲，怎么办？”其实想让客户讲话的方法只有一个字，就是“**问**”。

A：肖小姐，您一定对人民币理财很感兴趣，因为这个产品可以帮助您很好地打理您的资产，我们这一期的产品非常好，40天，收益率有5.2%，非常有吸引力，很多客户都在我这里购买了这个产品，这个产品太适合您了，我真心建议您买10万元的。

B：肖小姐，您的思考能力很强，一定会关心自己资产收益的高低吧？物以稀为贵，不管哪个银行，好产品总是不多的吧？您这个阶段，用钱的地方比较多，您一定希望能灵活地支配自己的资金吧？活期收益有3.5%，如果能增长10倍，甚至更多，您一定会感觉是件好事？没错，市面上有很多高收益的投资方式，您也认同这里面有很多风险吧……

自己感觉一下哪种效果更好一些呢？B方法罗列出的问题，是不是能够更好地让客户参与到营销沟通中呢？如果客户不停地说出“yes”，那么到最后成交环节是不是也更容易达到“yes”呢？所以主题沟通的第三要点就是**互相讲**。

◌ 第四步：总结沟通——要点确认

仅仅靠一面之缘就完成营销，并非没有可能，只是需要人性的洞察与高明的技巧。鉴于大部分营销人员并不是天生就具有这方面的才能，所以多数情况下，营销人员与客户的第一次见面仅仅是建立了关系与好感，让客户初步了解了产品，同时，客户对产品还要有个对比和考虑的过程。那么，我们应该如何应对与结束沟通呢？

方案呈现后，出现客户异议是一件绝好的事情。为什么？请感觉一下下面两个客户中的哪一个更有诚意？

客户A：好的，小刘，这个产品不错，谢谢你的介绍，回头我再过来！

客户B：这款理财的收益还算可以，就是这合同上没有注明保本。如果买的话，我心里有些不踏实！

是不是客户B更有意向购买？资深的理财经理一眼就能看出客户A是在敷衍。所以，讨厌客户异议的理财经理，不要再听到异议就愁眉不展、心情郁闷了，请切记，**有异议才是有诚意！**

哪怕客户最终没有成交，也不要急匆匆地结束与客户的沟通。这恰恰是体现成熟与涵养的最佳时机。如果此时的你语无伦次或者立马送客出门，不管你把前面的动机掩饰得多么天衣无缝，这会儿客户也会立马明白："原来你找我来就是想要营销产品！"那么，沟通结束前该如何做呢？

在沟通结束前需要运用下面的谈话结束公式：**总结＋承诺＋感谢**。沟通中之所以会出现误会，有以下几种情况：你并不知道客户的想法；你所知道的并不是客户真实的意思；你以为客户知道了你的意思，但客户未必真正知道。所以，在沟通结束前，首先要总结今天的沟通要点及下一步具体的事项，比如今天沟通的重点内容、下一步沟通或面谈的时间、需要为客户准备的资料、都有哪些人、是否要同往等内容，等客户一一确认后再进入第二步承诺。态度比行动更重要，所以要让客户看到你的诚心和细心，告诉客户你会在什么时间完成什么事情，并且会全力以赴地去做，让客户放心。最后一步是感谢客户今天能抽出时间，并且推心置腹地与你交流，无论是否能够建立业务关系，最起码多了一个新朋友：有业务没朋友，业务早晚也没有；而有朋友没业务，业务早晚会有！

要点回顾

第一步：预热沟通——寒暄赞美

第二步：动机沟通——目的呈现

第三步：主题沟通——方案讲解

第四步：总结沟通——要点确认

建立信任的“三说”技巧

情景案例

大堂经理苗遇春如何成为“大众情人”

还没有到嘉兴做项目时，就听到过苗遇春的大名。她既不是行长，也不是客户经理，为什么能名声在外呢？因为她有个外号，叫作“大众情人”！能得到这样的称号，并不是因为她长得貌美如花、倾国倾城，而是因为男女老少都愿意和她接触。不论多么挑剔的客户，到了她这里都能够和颜悦色，她的网点是全市投诉率最低的。那么，她是如何做到这一切的呢？

怀着探秘的心情，我对苗遇春进行了暗访与明访。通过对她多日工作的观察记录，我整理出一些很有意思的碎片式对话情景，从这里面似乎能够提取出她成为“大众情人”的秘密。

“贾姐，您上次买的理财产品，这周三就要到期了，到时候别忘了过来一趟，最近又新出了个产品，是保本型的，最合您的胃口了！”“这日子过得，你要是不提醒，我还真就忘了，到时候我要是一忙起来什么都记不起来，你要记着提醒我呀！”“好嘞，周二下午我给您打个电话，保准忘不了！”

“姚大哥，您好像不经常来我们网点呀？”“是呀，我家在这附近，平时都是在公司附近的网点办业务。”“哦，姚大哥，您好像是在强风软件上班吧？”“是的。”“你们做营销的真不容易，这大热天还要经常去拜访客户。”“是呀，辛苦还不怕，就怕辛苦到最后还没有业绩！”……

“王大爷，您又来存钱呀！”“嗯，你咋知道？”“阴历六月十二是您生日，我还给您发了短信呢，您都忘了？您几个孩子那么孝顺，不用猜也知道您是来存钱了。”“小苗你可真是个机灵鬼呀！是呀，来存钱！”“您上次存的定期也快到期了，王大爷，您好像只存定期和活期是吧？”“嗯。”“您是不是担心买理财有风险才不愿意了解呢？”“产品说明书上有太多字，看不懂，老了，存点儿钱不容易，就怕出什么风险，少赚点就少赚点，只要安全就行。”“王大爷，如果银行能保证您资金安全，您会不会考虑下呢？”……

“沈大哥，您又来汇款了？”“是呀，这段时间生意好，进货频繁点儿。”“您生意一直都很好呀！今天还是要汇到舟山吗？”“是呀，这你都能记住！”“那可不是，我还能猜得出您这次要进海鲜干货了。”“你是咋猜出来的？”“您上次说过，最近谈了个大客户，是经营海鲜的，我还能猜不出来？”……

从这一个个片段中，你有没有体会到大堂经理苗遇春的制胜法宝呢？太多的营销人员与客户之间仅仅是业务关系，聊的也仅仅是与业务相关的话题，有着功利的味道，带有明确的目的。怎么才能让客户对营销人员产生信任呢？不要指望与每个客户都成为朋友，毕竟这需要默契与缘分，但最起码先要成为客户的熟人，这样才能更好地开展营销。

什么是熟人？最基本的就是要熟悉客户的相关信息，并且能够用好这些信息，给客户一种你很了解他的感觉。获取客户信任有两个关键的动作：**一是记忆客户的信息；二是使用客户的信息**。第一个动作并不难实现，功夫不负有心人，只要多留意都可以做到。如果实在记不住，那就用笔记下来，好记性不如烂笔头。只是第二个“使用客户的信息”就令人感到有些一筹莫展了。如果身为营销人员的你有这样的难题，那就很有必要来学习一下**建立信任的“三说”技巧**。

◌ 说对数据

在建立信任的过程中，最具震撼力的非数字莫属，可以让客户瞬间感觉到你的用心。作为营销人员，你很有必要牢记和客户相关的数据。基本数据有五类，分别是：**个人数据、家庭数据、健康数据、事业数据、金融数据**。个人数据例如年龄、生日、电话号码等，家庭数据例如人数、年龄、楼号等，健康数据例如血压、血糖等，事业数据例如成立时间、员工人数等。当你能把这些数据一一脱口说出时，自然客户会对你刮目相看，还记得“用满意服务给自己加分”一节提到的案例吗？

大堂经理小梁帮一位老人量血压，那段对话就使用了健康数据。

如果你是客户，可能也会产生莫名的感动。因为大堂经理太了解你了，也许连亲人都不知道的数据大堂经理竟然能脱口而出，这就是大堂经理使用了“高压 140，低压 90”“高压 150”等健康数据带来的奇妙效果。

本篇的情景案例中，能不能找到这些数据呢？“您上次买的理财产品，这周三就要到期了”——金融数据；“阴历六月十二是您生日”——个人数据。案例只是个启发，实战中必须举一反三，只有将五大数据牢牢记在脑子中，客户才会把你印在他的心中。

◌ 说中特征

提起印象最深的酒店，泰国曼谷的东方饭店是余世维老师比较喜欢的一个。在他的运用案例中，多次提到了这家酒店。在过道的走廊上遇到打扫卫生的服务员，服务员会立马让出一条路说：“余先生，您请！”余老师很吃惊，问她怎么知道他的姓。服务员回答：“我们每一层的当班服务员要记住每间客房主人的名字！”乘电梯到了一楼，走到餐厅门口。服务员看到后礼貌地问好：“余先生，早上好，您还要靠窗的位置吗？”余老师两年前在这里用过一次餐，服务员到现在竟然还能记得他上次坐的是靠窗的位置！余老师回答：“是的，靠窗！”“您还是老口味，清淡少盐吗？”“没错！”余老师这会儿对这个服务员的满意程度已经无法用语言表达了。退房时，领班帮助余老师去刷了信用卡。还卡的时候，把收据叠整齐放在信封里，双手递给余老师说：“谢谢您的光临，余先生，真希望第七次见到您！”那一刻，余老师都不舍得离开了！

连着两年没有去泰国，有一天他收到泰国寄过来的卡片，是那家酒店寄来的：“亲爱的余先生，自从三年前的 4 月 16 日您离开以后，我们就没有再看到您，公司全体上下都很想念您，下次经过泰国一定要来看看我们。”下面写的是“祝您生日快乐”。原来写信的那天是余老师的生日。那一刻，余老师说他想立马买张机票飞到泰国曼谷东方饭店！

你有没有从这个案例中体会到“说中特征”的技巧？什么是特征？客户的个人特征、偏好特征、职业特征等都属于特征范畴。其中，个人特征包括姓名、籍贯、住址等，偏好特征包括习惯、口味、投资风格等，职业特征包括职业、特性、地址等。无需太多，能把这些记住，再配合说对数据一起使用，会收到意想不到的效果。

◌ 说破心理

没有人了解自己，这样的人生是充满寂寞的，所以很多人会不由自主地寻找了解自己的人。一旦找到了，就会感觉自己的人生充满幸福，异常珍惜了解自己的人。成功的营销人员，通常都具备这种能力，能快速让对方产生幸福感、舒服感，而这种幸福感源于“他真了解我”。

其实不管营销高手的言行是真是假，都无关紧要，因为他们拥有使人感觉幸福的技术。真话，即使傻瓜也会说，但是，关心对方的谎言若没有感情、理解、能力是说不出来的，使人感觉幸福的谎言比伤人的真话更了不起！面对陌生人，第一次见面就能让对方敞开心扉地沟通，是一件看似很难，但掌握了沟通技术后便不难做到的事情。这就是我们接下来要讲的“说破心理”技巧，包括“例行话题”“双重束缚”“杯子测试”“矛盾捆绑”“巧妙质问”“扩大缩小法”等。受限于篇幅，本篇只简单介绍其中的“例行话题”和“矛盾捆绑”两种。

例行话题

什么是例行话题？就是不管用在什么人身上都基本上能说中对方心理或经历的语言。这里不讲理论，只讲实战，请看下面的案例，思考这三句话的差别在哪里？

（1）您购买金融产品亏过钱吧？

（2）您在以往的投资中有过失败的经历吧？

（3）您曾经在财务方面出现过一些没有达到预期的事情吧？

先来说说为什么这就是例行话题。请问，在今天还有多少人没有接触过投资理财？投资理财是个很大的范畴，囊括了存款、理财产品、股票，甚至包括借钱等金融行为。如果是这样，有多少人能够百战不殆、全身而退呢？大部分人或多或少都会有些失败的经历。在与客户沟通中，如果能够直接讲出客户没有讲出的事情，是不是客户对你的信任感会增强呢？

再看下面这三句话有什么区别。首先假设一位购买基金亏损过的客户，不管说这三句话中的哪句，他都会认同你，这是共同点。不同点是第三句话的说中概率更高。和客户在一起，哪怕其他两句都没有说中，只要有一句说中了，客户也会立马感觉：太神奇了，我都没有讲，他怎么这么了解我！

（1）您希望赚更多的钱？

（2）您希望资产能够发挥出更多的价值？

（3）您希望通过成功的投资来证明您在这一领域的价值？

首先要知道哪些话题是受众群体最多的，其次要思考如何来包装这个话题。例行话题要达到这样的效果：如果说得对，对方会感觉你真是太了解我的情况了；如果说得不对，也会有更大的成功概率和能够圆场的机会。

矛盾捆绑

成年的第一课就是这个世界上没有标准答案，不存在非黑即白的事物。人也一样，既有善的一面，也有恶的一面；既有冰冷的一面，也有热情的一面；既有贪婪的一面，也有奉献的一面。只不过，要看是东风压倒西风，还是西风压倒东风。所以，人的性格通常不会只有一面性，掌握了这个原则后，想让别人感觉你很了解他就容易多了。看一个“矛盾捆绑”的案例，思考下面三句话的差别在哪里。

（1）您的性格看起来比较冷漠！

（2）您的性格看起来严肃认真！

（3）您看上去是一个有个性的人，也许有人会感觉您很严肃，但直觉告诉我您遇到合适的人一定会很有话题的，并且您很愿意分享。王总，不知道我说得对不对？

请思考一下哪种说法能给人更加信服的感觉呢？无疑，在人际沟通中，第三种说法会散发出更大的魅力，原因就是把辩证哲学的观点在营销中用另一种方式予以诠释，借助二元对立的思维对人性进行了很好的解读，同时向对方传递出“我很了解你”的信号！

古人云：“凡伐国之道，攻心为上，攻城为下；心胜为上，兵胜为下。是故，圣人之伐国攻敌也，务在先服其心。”营销何尝不是如此？第一步绝对不是产品的营销，而是信任关系的建立。有了信任关系，再差的产品也能营销出去；没有信任关系，再好的产品客户也会不屑一顾。切记，四等选手卖产品，三等选手卖服务，二等选手卖理念，一等选手卖自己。所有营销的第一步都是建立信任，因为客户信任你，才会买你的产品。

要点回顾

说对数据

说中特征

说破心理

- 例行话题
- 矛盾捆绑

第三章 **需求挖掘**：客户有需求，才会有购买欲望

海明威曾经说过：我们花了两年学会说话，却要花上六十年来学会闭嘴。大多数时候，我们说得越多，与别人的距离却越远，矛盾也越多。在沟通中，大多数人总是急于表达自己，一吐为快，却一点儿也不懂对方到底是怎么想的。两年学说话，一生学闭嘴。

假设你暗恋一位女同学，终于有一天，你获得了和她聊天的机会，你会和她说什么？第一种叫作表白模式："亲爱的，自从看到你的第一眼,我就无时无刻不在想着你……"第二种叫作自夸模式："我才高八斗、学富五车，琴棋书画样样精通，温柔体贴……"第三种叫作探寻模式："你理想中的爱人是什么样子的……"这三种中的哪种胜算会更大一些？是不是第三种会更合适一点儿？

再思考一下营销的情景。见到客户，尤其是目标客户出现的时候，营销人员的第一反应是什么？很多营销人员开口就说："我们最近推出一个新产品，特别适合您，它几乎没什么风险，而且有较高的收益……"套用暗恋表白的模式，这应该属于第二种，进入了自夸模式。

有人问我如何评价目前银行的营销，在回答之前，我会先纠正一下：纵观目前的银行，多数不是在营销，而是在推销。这两个词虽然仅有一字之差，本质上却有着天壤之别。如果"推销"是一种罪的话，绝大多数的银行人员会被判刑一亿年，不管怎么上诉，都难获减刑的机会。

营销的第一步既不是自夸，也不是表白，而是探寻——从客户的需求入手，以客户为中心，真正帮助客户解决问题。营销是水到渠成的结果。停止推销，开始营销，从挖掘客户需求开始！

需求挖掘的核心思维——因果理论

情景案例

保险营销的绝处逢生

一辆黑色的奥迪Q5停在了银行网点门口，人还没有下车，但大堂经理已经知道来者是何人了，看车牌号就知道这是田总来了！田总是何许人？田总是一家小食品配送公司的老板，虽然论实力不算是私银级的客户，但是经常来网点办理汇款等业务，几乎网点的每个人都知道他的车牌号。

保安热情地迎了上去，笑嘻嘻地与田总打招呼，田总也挺客气，还顺手从胳膊下的小夹包里拿出“软中华”，给保安递了一支后才向大堂走去。

不用他开门，大堂经理已经站在门口帮他拉开了门，边开门边说：“田总，您来了，今儿您办什么业务？”田总大大咧咧地说：“我来得多就是我生意好，今天还是来汇货款。”“那我先帮您取个号吧。”取完之后，大堂经理看了看说：“田总，前面还有5个人，估计要20分钟，贵宾区人也不少，我给您找个安静的地方坐一会儿吧，到号了我叫您。”田总说：“我一坐就容易睡着，到时候，你千万别忘了！”“您就放心吧！我找个人陪您聊天，您一定睡不着！”大堂经理一边说着，一边把田总带到了理财室。

理财室的陶经理和田总也不陌生，看到田总来了，赶紧站起来给田总泡茶，一边倒水，一边说：“这可是我同学从杭州寄过来的春茶，您尝尝味道咋样？”田总喝着茶的时候，陶经理的心里面就开始琢磨了，她挺想向田总推荐下保险，不仅仅是因为她有任务，更是因为她上次与田总聊天时，了解到田总周末喜欢爬山，家里三口人，女儿才10岁。这样的爱好需要保险呀，只是上次田总接了个电话，临时有事就走了。这次，陶经理准备出手了。

只是怎么出手呢？非专业选手的出招是直来直去：“嘿嘿，田总，您喜欢爬山呀？那么有个好产品很适合您，叫作保险，不仅适合您，还适合您全家！您买一份吧！”陶经理作为从业5年的资深营销人员，她会如何“亮剑”呢？

陶经理：“田总，您周末的时候还经常爬山吗？”

田总：“只要没什么大事就会去。平时太忙，只能周末活动活动，上次有个老师讲过，身体是1，财富是0，没了1，有再多的0都没用！我也不会别的活动，也不想去学了，但是爬山不用学，只要会走路就会爬山。”

陶经理：“现在有钱人不少，但能有您这份情趣和毅力的可真不多呀！您是带家人一起去吧？”

田总：“爬山不仅是为了活动一下，也是家庭交流的好机会，平时各忙各的，哪有机会在一起说说话啊，这可是一举两得！”

陶经理：“很受启发呀，看来，我也得周末带孩子爬爬山了。

您女儿是不是才 10 岁呀？”

田总：“是呀，小陶，记性真好！”

做营销要记住 5 个字——谋定而后动。陶经理听到这里，感觉找到了切入点，她可以用爬山不安全作为切入点，来引发客户对安全的关注，进而使客户对保险产生兴趣。策略已定，陶经理仿佛胸有成竹。

陶经理：“田总，爬山是个挺好的事情，就是有时候难免会不安全？”

田总：“是呀！户外运动难免。”

陶经理：“那您不考虑一下避免不安全给生活带来的影响吗？”

田总：“我咋能不考虑呢？带着老婆和孩子去爬山，肯定要找安全的地方了。其实说是爬山，也就是咱们市区的莲花山公园，全是平路，20 分钟就上去了，我们也就是周末的时候爬四五个来回当作锻炼，还是非常安全的。”

听到这里，仿佛一盆冷水泼到了陶经理身上，完全和她想象的不一样。原本准备用安全作为突破口，结果，田总一家爬的是公园里面的小山头，根本就没有安全问题！既定的策略需要立马转变，可是怎么转变呢？

而这时，田总正一脸坏笑地看着陶经理。

陶经理问：“您笑什么呢？”

田总：“如果我没有猜错，下一步你会拿安全说事，然后再向我介绍保险对不对？”

突然被田总揭穿，陶经理感到措手不及，下意识地问了句：

“田总，您真是高人，您是怎么知道的？”

田总：“我周末爬山也不是一年两年了，调走的那个孙行长，去年就是这个套路，和你说的话一模一样。”

陶经理尴尬地笑着说：“那后来呢？”

田总：“我和孙行长是老朋友了，以前他也帮了我不少，而且他那天说的话也很在理，我就一下子给家人买了3份保险，你说，我也算很配合你们的工作吧？”

陶经理：“这可不是配合，是您对我们的支持呀！”

说完后，陶经理就不知道说什么了。毕竟田总都买了3份保险了，再让人家买不合适，揪羊毛也不能逮着一只羊猛揪呀！一时间，陶经理仿佛走到了山穷水尽的地步了，但不能就这样僵着，陶经理继续和田总聊着天。

陶经理：“田总，您是做小食品批发生意的吧？我对你们这个行业不了解，你们单位都有什么岗位呀？”

田总：“我们这行比不上你们这样轻松，天天累得不得了。有采购、仓管、财务、行政、司机、营销……”

陶经理：“哦，人挺多的，你们有多少个司机？”

田总：“7台送货车，8个司机。”

听到“司机”两个字，陶经理眼前仿若出现了一丝曙光，司机也是个危险的职业，能不能拿这一点说事呢？虽然没有把握，但陶经理已经开始出招了。

陶经理：“你们隔壁有个启明科技，您听说过没？”

田总：“咋会不知道呢？他们老板姓朱，上次我们去工商局开会，还坐在一起呢。”

陶经理：“噢，上个月，朱总公司出事了！”说完后，陶经理停顿了一下。

田总吃惊地问：“出事了！什么事？”

陶经理：“他的司机开车送一批硬盘，赶时间开夜车，结果太困了，在高速公路上撞到了路口的防护栏上，司机虽然保住命了，但骨折得太严重，治好了恐怕也得留下残疾。您也知道，车险能赔几个钱呀，司机的爸妈就带着40多个家属，天天到朱总的公司闹，到最后，朱总又拿出60万元才算完事。”

田总听完说：“老朱也够点儿背的，怎么还出了这事呢？就当是破财消灾吧！”

陶经理说：“田总，您可别嫌我多嘴，朱总的科技公司才2个司机，您可是有8个司机呢！您有没有想过如何防范这样的事情发生呢？”

讲到这里，陶经理停顿了一下，希望通过田总的表情来决定下一步该说什么，高手从表情能看出太多的破绽。但田总沉默不语，脸上也看不出什么表情。

陶经理接着说下去：“田总，万一员工出现了咱们不希望发生的事情，您想不想有人能够帮您分担大部分的经济压力呢……”

还没等陶经理说完，田总就打断了她的话：“员工的保险一年要多少钱？”

听到这句话，陶经理心中大喜，她深知：**营销看似无形，其实也有必然的阶段。田总这句话在营销中就叫作“购买信号”，当出现购买信号时，代表客户对产品本身已经认可和接受，而**

后就要进入交易促成的环节了。

陶经理：“不用太多钱，我可以帮您做个一年8000元的，一天也就20多元钱，还不够您半包烟钱呢！”

田总不用计算，脱口而出：“那8个司机，一年就要6.4万元了！”

陶经理：“田总，如果消费掉6.4万元，是挺心疼，但您这可是投资呀，等于是存款，钱还是您的钱，而且还有利息，最重要的是还多了一份保障，对司机有好处，对您不是更有好处吗？您说是不是这个道理呢？”

田总苦笑着说：“你说得倒是没错，如果司机有了保险，我心里是会踏实一些。但一年6万多元，对我这个小公司来说也是一笔不小的开支，还是算了吧！”

陶经理并没有气馁，接着说：“田总，您看谁家里没有把伞呢？等到下雨再买伞是不是就来不及了？您这是未雨绸缪呀……”

田总再次打断了陶经理：“小陶，要是放在前两年，别说6万元，就是60万元对我来说也算小钱。但现在不瞒你说，我的老客户都是本土超市，去年沃尔玛和家乐福等大超市都在咱们这里开店了，本土超市的生意一下子差了很多；而这些大超市，我又没资金实力去合作。所以，这两年的生意淡了很多。我也认可你说的保险，但让我出钱，真感觉有点儿为难！”

话说到这份儿上，陶经理应该知难而退了吧，陪田总喝喝茶、聊聊天，等叫号了把他送走就可以了。但是，坐在田总面前的是内心无比强大的陶经理，她可不是轻易就善罢甘休的！

她在心里琢磨，田总已经认可保险了，就是不想掏钱，如果能够找到不需要他出钱的办法，他应该会想方设法给员工上保险的。这看似是个不可逾越的高峰，陶经理真的有办法迈过去吗？

陶经理："田总，这都快年底了，司机的年终奖是多少钱呢？"

田总："以前是很多，这两年少了，和送货业绩挂钩，怎么着也有 2 万元吧！"

陶经理听到这里，心里就有底了："田总，如果我能找个办法，不用您出钱，而且让您的员工有保险，您会不会支持我？"

田总似乎已经猜到了陶经理要说什么，他笑着说："你准备让员工用年终奖买保险吗？这话我可不好意思说！"

陶经理："田总，这话不用您说，我可以帮您说，这周您抽空在公司安排个保险讲座，我给他们讲一讲保险对他们和家人的重要性，毕竟这对您更有好处，您在旁边帮我美言几句就成！"

田总边笑边用手指着陶经理说："小陶，还真有你的，这事儿就交给你了……"

在田总的极力促成下，讲座如期举办，功夫不负有心人，最后，5 张保单被陶经理揽入囊中。

"山重水复疑无路，柳暗花明又一村"，这句诗特别符合这个案例。客户一次次地拒绝，看似已经无路可走，陶经理却一次次地扭转局面，尽管过程一波三折，但最终总算拿下了 5 张保单。支撑着陶经理坚持到最后的也许是她锲而不舍的精神，但促成最终交易的神秘力量是什么？难道仅靠执着的坚持就可以促成交易吗？答案显而易见是“no”。其实，一个普通营销人员与一个优秀营销人员的距离既非常遥远，又非常接近。能否成为一个优秀的营销人员关键在于能否触摸到本质与根源。

众所周知，需求挖掘是营销的关键动作，那么营销的本质到底是什么？如果非要用最精悍的语言说出来的话，两个字就够了，**营销的本质是“因果”，营销的根源则是“爱”**。

需求挖掘不是一件刻意的事情，它瞬息万变，但又有规律可循。大道至简，营销课虽然可以讲上五天五夜，千言万语最后都要回归到这两个字——因果。

◌ 有因有果

“因果”二字包罗万象，不是一两句话便能讲清楚的，更何况我了解的也只是一点儿皮毛，就如同盲人摸象一样。这里缩小一下范围，主要介绍**有因有果的核心是逻辑**。既然讲营销，那就从营销的思想和操作两个层面来介绍。

先来讲讲思想层面。前段时间在广州上课，朋友黄金雄曾经问过：“什么是菩萨畏因，众生畏果？”我第一次听到这句话，只能望文生义地解释：圣人们知道因果的必然关系，所以谨言慎行，三省吾身。而凡人只有到了出现坏结果时才开始感到懊恼和沮丧。营销是不是也这样呢？几乎所有的营销人员都认为营销难，**之所以有这种感觉是因为他们把过程想得太容易了**。如同种树一样，今天种的小树不可能明天就长成大树，需要不断地浇水、施肥、松土。小树即使在精心的呵护下也不一定能长成大树，更何况对其不管不问呢？太多的营销人员**求果心切**，一见面就迫不及待地向客户讲产品，口若悬河，所到之处皆使得客户落荒而逃！作为营销人员，你想看到这样的结果吗？营销的过程就是一个为人处事的过程，先有交情才会有交易，谁愿意和一个功利心很重的人交朋友呢！

优秀的营销人员**重在修因**，发自内心地关注客户，了解客户，知道客户的兴趣与风格，知道客户的偏好与难题，才能够想客户之所想。只要客户需要，哪怕不是自己的产品也会帮助客户筛选，哪怕休息时间也会帮助客户排忧解难。如果你能够做到这些，还用担心没有客户、没有业绩吗？从情景案例中可以看出，陶经理虽然渴望能够营销出保险，但每次她都能站在客户的角度思考，为什么田总需要购买保险？保险可以帮助田总解决哪些难题？

“**菩萨畏因，众生畏果，故菩萨修因而众生求果**。”圣人与凡人的区别只在一念之间！有因有果，先付出才会有回报。从今天起，先不要问自己为什么没有业绩，先思考自己凭什么有业绩；与成功的营销人员所具备的条件相比，自己还有哪些欠缺；看看自己是否具备博爱、勤奋、慎独、专业、积极、正直、热心等品质。做到这些，你想不成功都难。人人都可以成为圣人，从今往后，在因上精进，在果上随缘！

下面讲操作层面。非专业选手向客户推荐网银，也许会这样说：“李先生，我们的网银搞活动，免费办理，您开一个吧！”“孙太太，网银很方便，您开一个吧！”这样的语术看似没有毛病，如果你学习过因果理论后就会发现这是有问题的。它的逻辑就是：因为网银免费，所以你开一个吧！假如这种药卖 10 万元，我不知道自己有病，你送给我吃，甚至给钱给我，我也不会吃。

那么营销中如何使用“因果理论”呢？你对造句一定不陌生，营销时，在准备开口前，先深吸一口气，能不能气沉丹田就看个人道行了，然后在心里默默造句。假设营销网银，有几种方式供参考：

（1）“因为网银可以帮您节省时间，所以您开个网银吧！”

（2）“因为网银可以帮您节省汇款费用，所以您开个网银吧！”

（3）“因为网银可以让您清晰地知道交易明细，所以您开个网银吧！”

看看，虽说造句并不难，但难题是说哪一句收到的效果会好一些。没有标准答案，这主要看客户是谁。在常规情况下，对刚参加工作的小白领就用（2），对小老板就用（1），对喜欢理财的家庭主妇就用（3），具体细分还是因人而异。

在这里，郑重提醒一下营销人员，造句可不是一定要一字不差地说出来，而是要在脑海中先形成一个逻辑，让客户明白购买产品的原因是什么。

◌ 先因后果

如果说“有因有果”的核心是逻辑，那么“先因后果”的关键点则是顺序。

非专业营销人员给客户打电话时通常会这样说：“刘总，您好，我是 ×× 银行的秦经理，请问您有时间接听电话吗？”猜猜看，客户会怎么说？客户在多数情况下会回答“没时间”。为什么会这样？**因为没有让客户听你讲话的理由**，所以第一个错误是“有果无因”。

换种思维方式，也许秦经理有原因，只是还没有来得及说出来而已。那如果真是这样，秦经理就犯了第二个错误，就是“先果后因”。这种做法，客户压根儿就不会给你说“因”的机会。

专业营销人员会怎么说呢？“刘总，您好，我是 ×× 银行的秦经理，是您专属的理财经理，我发现您目前的资产配置方式每个月约损失 2600 元，请问您现在接电话方便吗？”这次客户会怎么回答呢？平心而论，我也不能保证客户百分之百会回答“yes”，但最起码回答“no”的概率低了很多，这就是“先因后果”的魅力。

回顾一下情景案例中陶经理的方式。每次她都是先和客户聊“因”，比如第一策略是先聊爬山，再聊爬山不安全，进而引出保险。这个策略行不通时，她的第二策略就是先聊员工，再聊司机，然后聊其他公司的司机出事，最后聊到田总司机的风险，达到了田总认同保险的目的。当田总不想出钱时，先聊奖金，再聊保险讲座，达到既避免了田总的不便，又帮助其实现不用埋单的目的。纵观全过程，先聊因，再聊果，如果反其道而行之，结果也可能会适得其反。

◌ 客因我果

“客因我果”的关键是人性。什么是“客因我果”？就是用客户的因，得到我想要的果。有一句话，和这个意思有点儿接近，叫作“穿别人的鞋，走自己的路，让别人无路可走”。

有一段和学员进行的微信对话，堪称非专业营销的经典。

学员：“老师，客户来我行取款 10 万元，听说要去 XY 买理财，因为他们比我们收益高 0.2 个百分点，我不知道怎么留客户！”

老师："那客户把钱存到你们行，会有什么好处呢？"

不要光想着留客户，这是果。站在客户角度思考，给客户一个留下来的理由，才能实现目的。结果，学员的回复让老师大吃一惊。

学员："老师，我们有存款任务，客户留下来，我就可以完成任务了。"

也许你会说是因为老师的提问没有把话说清楚，也许你会说银行的压力确实很大……无论何种理由，都无法回避一个问题，就是在该学员的潜意识当中，第一时间思考的并不是客户的利益，这就是典型的我因我果。

专业营销人员会怎么做呢？首先，了解客户为什么去 XY 买理财，是因为收益高、有熟人，还是其他原因？其次，了解对手产品的具体情况，比如起息日、风险、手续费等。再次，了解客户的内心诉求点——他最怕什么？是风险，是麻烦，还是陌生？了解这些之后，就可以有针对性地出招了。

情景案例中的陶经理之所以能够成交，关键就是她每次找到的因都是田总的因，第一策略是田总全家的安全，第二策略是田总的经营风险。唯有站在客户的立场和角度想问题，才可能实现自己成交的目的。

"客因我果"的关键点是人性。无论何种客户，都关注与自己相关的信息，比如利益、安全、感受等事项，听到这些相关信息时，就会竖起耳朵。所以客户不愿意听你讲话时，不要一味地埋怨客户，要反思下自己的谈话内容和客户是否有关系。

………要点回顾………

有因有果

先因后果

客因我果

破解“见光死”的“三不说”技巧

情景案例

网银营销屡战屡败的董小峰

董小峰是大连PF银行的一名员工，他的岗位是柜员。业内人都知道，这可是最富有悲剧色彩的岗位，不仅忙得连上厕所的时间都没有，还要忍受蛮横客户的恶语相向。性格内向的董小峰在这个岗位上依然是兢兢业业。尽管是柜员，但不可避免地也会有营销任务。最近需要重点营销的产品就是网银，董小峰虽然不善言辞，却极富开口精神，几乎面对每一个客户都会习惯性地做个自我介绍，但勤劳好像换来的并不是收获，而是一次次挫折与打击，成功率非常低。下面看看他是如何营销的。

董小峰：“先生，您好，请问您办理什么业务？”

客户：“我要开卡。”

董小峰：“好的，先生，立即为您办理。”

利用办理业务的间隙，董小峰开始营销了。

董小峰：“先生，您可以开一个网上银行，现在开通网上银行是免费的。”

客户："不用。"

董小峰："先生，我行的网银开通免费，使用也免费，这么好的东西，您开一个吧。"

客户："不用开，我用不着。"

董小峰："先生，如果您今天开通的话，我们还赠送一份精美礼品，一盒清风抽纸。"

客户："不开，我用不着，不用帮我开。"

董小峰："先生，我行的网银，可以用来查询卡内交易明细，也可以用来查询卡内余额，平时转账或者汇款什么的也特别方便，而且还有礼品送给您，多好呀！"

客户："不用，不用，真不用开，下次再说吧！好不好？"

这还是一个好说话的客户，但从他那近似哀求的语气中能够看出，他一定后悔来了这个地方。请问，这样的营销，就算开口率达到100%，成功率能够有多少呢？

营销高手有四大特征：坐在办公室，客户主动上门；推荐的产品，客户从不拒绝；开出的价格，客户绝不还价；成交了之后，客户感恩戴德。我把身边的营销人员梳理了N遍，也没发现能完全具备这四大特征的。就在我灰心丧气的时候，却有了新的发现。看似和营销完全没有一点儿关系的医生，却完全符合这四大特征。

试想一下，如果医生这样看病，结果会如何：小李进入一家医院的科室，刚刚推开门，见孙大夫站得笔直，露出八颗牙齿，用最亲切的微笑迎接着小李的到来。小李坐下后，孙大夫不等小李开口，就开始用那充满磁性的声音介绍起来："先生，您好，我们医院最近出了一种新药，叫作 ×××，效果好得不得了，我保证您要是吃了……”

这里，我想插入三个问题：（1）如果遇到这样的医生，你会产生什么样的反应呢？（2）这种情况下会不会出现我们最不期望的结果——“见光死”？（3）这个例子表面上讽刺的是医生，实际上讽刺的是谁呢？

◌ 成交的四个条件

医生治病的整个流程的核心到底是药还是病呢？病人之所以愿意埋单吃药，具备了四个条件，即“四个相信”：

相信医生能够治病；

相信自己确实有病；

相信自己病得不轻；

相信这个药能治病。

借用这种思维模式来分析情景案例中董小峰的营销过程，就能够深刻地体会到他的问题在哪儿。董小峰不是在“看病”,而是在“卖药”，而且面对的是一个不知道自己有病的病人，这药能卖得出去才怪呢！下面对照医生成功地将药卖给病人所具备的这四个条件。

（1）相信医生能够治病。很明显，柜台前的客人对董小峰是缺乏基本信任的，他眼中的董小峰不是一个医生，仅是一个推销员。所以不管推销员讲什么话，客户的回答只有一种，就是:“我不要！”

（2）相信自己确实有病。关于这一点，客户依然没有相信。董小峰没有让客户意识到如果没有网银，大热天的跑到银行去办理汇款多不方便。但不排除真有客户不知道除此以外的其他途径。

（3）相信自己病得不轻。如果你发现自己感冒了，一定会去医院看病吗？不一定。你可能会说："怎能随便请假呀，多影响工作呀，我不能拖了公司的后腿，一定要坚持去上班。"其实，潜台词就是恶狠狠地说"扣全勤奖会死人的！"但是，如果你发现自己感冒的症状和禽流感很像，还会不会在乎全勤奖？恐怕是即使被单位开除，也会毫不犹豫地冲向医院。仅仅知道自己有病不一定会吃药，还必须知道自己病得不轻。客户连有病都没有发现，更别提会相信自己病得不轻了。

（4）相信这个药能治病。只有具备了前三个条件时，这个条件才能发挥作用。

如果董小峰将对话语术换一种方式表达的话，效果是不是会好一些呢？

"先生，您是不是经常来汇款？"

"先生，您家离这里远吗？"

"最近的天气特别热吧？汇一次款一来一回要多长时间？有没有感觉这样挺麻烦的？"

"我有个办法，您不用再顶着大太阳跑到网点办业务了，在办公室里几分钟就搞定了，这个办法不仅不需要花钱，每年还能帮您省下几百元，要不要听一下？"

如果董小峰这样设计对话语术的话，不敢保证百分之百成交，但最起码被拒绝的概率就会降低一些。

牢记这四个前提。很多营销人员离高手的差距既非常远，又非常近，关键是有没有领悟到营销的关键思维方式。产生顿悟，就可以一日千里，迅速地脱颖而出；固守执着，只能画地为牢。敏锐的人会发现，这四个条件有着必然的联系。没错，这四个条件并不是孤立存在的，而是递进关系，无论单独拿出哪一个条件来，都无法达到成交的目的。

◌ 破解“见光死”的秘诀就是“三不说”

跳出画外方识画，从医生看病的过程看营销，会有最基础的领悟：**营销不是零和游戏，不存在此消彼长。营销的谐音是“赢销”，这个“赢”不是单方面的赢，而是双赢，双方都满意，都能得到利益，才能达到成交的结果**。所以，营销人员最大的忌讳就是一见到客户就开始说产品，然后遭受客户拒绝，自尊心受挫，有的人会一蹶不振，有的人会越挫越勇，但如果执着地墨守成规，只能遭遇和以前一样的结果。破解“见光死”的秘诀就是“三不说”：

（1）客户没产生信任时，坚决不说产品；

（2）不了解客户需求时，坚决不说产品；

（3）客户没觉得痛苦时，坚决不说产品。

要点回顾

成交的四个条件

破解“见光死”的秘诀就是“三不说”

需求挖掘三宗“最”

情景案例

人民币理财的电话营销

电话响了，王总拿起来，看到是个五位数的号码，一时间想不到是哪里的，放到耳边问了声：“哪位？”“王总，您好，我是翟亚南，上周三下午您到我们银行办业务的时候，我和您交换过名片的，我是XX银行的理财经理，您还有印象吗？”王总警惕地问：“哦，翟经理，有什么事吗？”翟亚南依然笑着说：“王总，您上次来网点的时候，听您提到找不到车位，这几天我特意和网点领导协商了一下，在门口的停车场开辟了一个VIP客户停车位，下次您再到网点办业务时提前给我打个电话，我帮您预留好车位，以减少您的麻烦。今天打电话就是给您汇报一下这件事儿。”王总听到翟经理把自己上次的抱怨放在心上，开心地说：“那真谢谢你了！”

翟亚南说：“以前银行是业务交易型，现在变成服务营销型了，我们要为客户提供更有品质、更有针对性的金融服务，以后我就是您专属的客户经理了，若有金融方面的事情，欢迎您随时跟我交流。王总，您是做副食批发生意的吧？”王总听了后说："是的，做批发生意的。""王总，听说您的生意做得非常好，那您平时进货比较频繁吧？""是的。"

"王总，您在我行开户已经五年了，我特意了解过您的情况，您的资金70%放在活期，30%放在定期，是吧？""你了解得挺清楚的。""王总，您别误会，作为您的理财经理，我有责任帮助您更好地规划资产，也请您相信我的职业道德，我们是绝对不会向第三方透漏任何客户的资产情况的。我正是了解到您的资产配置情况后，才发现这会给您带来损失，特意和您交流一下。""是吗？会有什么损失？""王总，既然您问到了，那么我想请教您一下，您的钱多半放在活期，是不是因为经常进货需要现金周转呢？""是的。"

"活期的收益只有3.5个百分点，一万块钱一年的利息收入才350元。这是非常低的，您也有同感吧？""银行的利息一年比一年少，不过我不是特别在乎这点儿钱。""那是肯定的，您把企业经营得这么好，这都是小钱。不过，大钱不都是由小钱积攒起来的吗？王总，从您以往的配置中看，您从来没购买过基金、定投等产品，是不是考虑到这些产品有一定风险呢？""买不好了还亏本，还不如放在活期里面。"

"王总，我有一些客户也是做批发生意的，只不过他们做建材、家电等批发的，和您一样，也是经常需要用现金进货，之前他们的钱都是放在定期和活期，省心！但他们现在换了种存款方式，不仅没有风险，资金使用起来也比较灵活，更重要的是他们的收益比您的收益高12倍以上。王总，您愿不愿意了解下他们是如何存的吗？……"

◌ 营销初期的注意事项

如果你是王总，你会如何回答呢？这种语术虽然无法保证100%的成功率，但相信会比直接介绍型语术的成功概率高出许多。为什么这样说？三十六计之第一计“瞒天过海”原文为：“备周而意怠，常见则不疑。阴在阳之内，不在阳之对。太阳，太阴。”也就是说，**营销初期，要隐藏营销目的**，首先展示情感与好处。不要用产品介绍作为开场，而要寻找合情合理的理由接触客户，在沟通中先把关系建立起来才能使客户对你产生信任，而后把产品能够给客户带来的好处从总体上有针对性地突出介绍一下，让客户产生兴趣和了解的欲望后，再开始详细地介绍产品。

◌ 需求挖掘三个“最”

回顾一下翟经理整个电话沟通的过程，没一句废话，可谓字字珠玑。优秀的营销人员在需求挖掘这个环节需要遵循三大要点，具体表现如下。

关怀是最高明的营销破冰之举

多数营销人员见到客户后针对如何开场破冰这个问题往往一筹莫展。前文提到“营销的根源是爱”，这个观点不太容易真正理解。我对这个观点的真正领悟源于一本书，奥格·曼狄诺写的《世界上最伟大的推销员》。听书名还以为是讲营销的书，翻开后发现和营销没有一点儿关系。书中介绍了十道羊皮卷，号称“商业圣经”。第一篇是导读，剩下九篇是九条核心规则。我至今仍能背诵出第一篇的内容——“我要用全身心的爱来迎接今天，因为这是一切成功的伟大秘密。强力能够劈开一块盾牌，甚至毁灭生命，但是只有爱才具有无与伦比的力量，让人们敞开心扉。在了解了爱的艺术之前，我只算商场上的无名小卒……”

这本书号称只要能坚持读完，人生就会发生翻天覆地的变化。且不说内容，本书的读法对很多人来说就是莫大的考验——十道羊皮卷，从第一道开始，每一天大声读 3 遍，每周读 5 天，每道读 5 周，这样读下来就是 75 遍。而且还要每天为自己评分、写日记、周记。将十道羊皮卷完整读完就要 45 周，能够坚持做到这样的人会多吗？有这样的狠劲，想不成功都难！说到这里很汗颜，我只读了四道就坚持不下去了！虽然只读了四道，其实不管是哪一道，只要能够坚持读，身体力行，一生都会受益。

时至今日，回顾过去的十年历程，我发现自己尽管有各种各样的短板和缺点，遭遇过各种挫折和困难，但凭借着爱所散发出的人性光芒，得遇贵人无数，经常在他们的帮助下逢凶化吉。有些道理，在听到与做到之间有一条无法逾越的鸿沟。唯有不断用心体会和实践，用“知行合一”才可以搭建出一条贯通的桥梁！关怀是最高明的营销破冰之举！

营销脱离了理性与逻辑，将举步维艰。情景案例中王总接到陌生电话肯定会产生警惕：翟亚南为什么来电话？如果不能够给出一个合情合理的来电理由，难免会让王总怀疑，从而产生习惯性拒绝。很多理财经理发现大客户时候，跟进的方式往往过于传统，所以翟亚南设计了一个充分的且贴心的理由，让客户产生备受关怀的感觉。利用了心理学中的互惠原理，让自己产生利用价值，得到客户信任。

得到客户信任的方法有很多种，“展示利用价值”只是其中的一种。有的人听到“利用”二字就比较反感，千万不要反感，能够被“利用”说明你还有价值。世界上最悲哀的事情就是：在单位，找不到领导可以利用你的地方；在商圈，找不到客户可以利用你的地方；在家里，找不到老婆可以利用你的地方。如果这样，就大事不妙了。如何让自己有价值？在任何时候，创造让别人可以利用你的机会，你就有价值。

客户心存疑问时——为什么要关心我？翟亚南给出了一个合乎逻辑的解释，他这样做的核心目的依然是取得客户的信任。

所以，再次严重警告那些把产品直接介绍给客户的营销人员，不要与客户一见面就立马拿产品说事，营销中有一个规律：你强他弱，你弱他强！这就涉及动机营销术，即你的营销目的越强，客户购买动机就越弱；你的营销目的越弱，客户的购买动机就越强。

我老婆的“共休班”里有一位同学，从事保险营销行业，平时不管见到谁，开口都是一通疯狂的介绍，这使很多人见了她都想躲着走。尤其当她得知我老婆马上要生孩子了，更是铆足了劲，希望孩子出生后在她那里买保险，我老婆不胜其烦。前几天孩子出生了，她过来探视，还买了些礼品，不知道是不是茅塞顿开，聊了好久，唯独没有聊保险。这下子老婆反而不好意思了，客人走了之后，老婆和我商量，咱们给孩子买份保险吧！这就是动机呈现技术。如果探视时提保险，哪怕你是真心地来看孩子，对方也会立马质疑你的动机。不提保险，只谈孩子，才能呈现出真诚探视的动机。这就是“你强他弱，你弱他强”。弱化你的营销动机，客户才会强化购买意识。所以，关怀是最高明的营销破冰之举。

提问是最根本的营销技巧

再来说说提问。非专业营销人员见到客户会滔滔不绝，而专业营销人员多数在提问，二者的差异导致出现天壤之别的结果。反思一下自己的营销语术，到底是在“说”，还是在“问”？

不少人看完情景案例会说：“天呀，翟亚南怎么对客户了解得一清二楚！”想想看，他为什么知道王总的行业呢？这是因为打电话前，翟亚南已经认真地做足了功课，连王总的行业背景、行业特征、开户时间、资产配置等都做了了解。电话营销，如果打电话前没有做好准备，仅仅是拉出名单，贸然地一个接一个地拨打，那注定是“悲剧”。

你有没有发现翟经理的沟通方式基本上都是用疑问句而非陈述句呢？这是因为陈述句不仅无法更多地获取客户信息，还难以吸引客户持续的关注。提问是营销成败的关键。说到这里，我又想起一个案例。

张大妈提着个篮子出门了，她准备买些李子。一号小贩看到后，热情地招呼：“大妈，来看看我的水果吧！”张大妈走了过来问：“有李子吗？”小贩说：“有呀。”大妈问：“甜不甜？”小贩毫不犹豫地回答：“又大又甜，甜得不得了，再也找不到这么甜的李子了！”结果张大妈二话不说扭头走了。请思考，一号小贩是在说还是在问？

到了二号小贩这里，张大妈问："李子甜不甜？"小贩并没有立马回答，而是看了看大妈问："大妈，您要甜的还是酸的？"张大妈说："要酸的。"小贩说："红的是甜的，绿的是酸的，您要多少？"张大妈说："来两斤。"二号小贩卖出去两斤李子。二号小贩虽然在问，但问的问题多吗？

第二天，张大妈换了个水果摊，到了三号小贩这里。张大妈问："李子甜不甜？"小贩反问："您想要什么味道的？"张大妈说："我想要酸的。"小贩并没有急于介绍，而是继续问："大妈，一般老年人都喜欢甜的，您怎么喜欢酸的呢？"张大妈说："不是我吃，是给我儿媳妇吃的，她怀孕了，就喜欢吃酸的。"小贩笑嘻嘻地说："恭喜！恭喜！酸男辣女，看来您是要抱孙子了！大妈，您儿媳妇怀孕几个月了？"张大妈说："四个月了。"小贩："哟，这可是胎儿发育的关键期，要多补充一些维生素 C，对大人和孩子都有好处，大妈您知道哪个水果里维生素 C 含量最高吗？"看到张大妈摇头，小贩接着说："李子里面并不多，猕猴桃里面维生素含量是最高的！很多孕妇都在我这里买猕猴桃。"张大妈放下了两元一斤的李子，开始挑八元一个的猕猴桃。小贩又继续问："大妈，您住几楼呀？"张大妈一边挑选，一边说："四楼！""有电梯吗？""没！""大妈，孕妇的水果是天天都要吃的，干脆这样吧，从明天起，我每天进完货之后，就给您送到楼上，这样不仅保证新鲜，您也不用爬上爬下了，您说好不好？"张大妈面带感激地说："还有这么好的服务……"

三号小贩为什么要帮张大妈将水果送到家？因为这样不仅可以把单一采购客户变成反复采购客户，还可以规避竞争对手对目标大客户的渗透。也许三号小贩不懂这么多营销理论，他却是个不折不扣的实战派营销高手。

看完这个案例后，作为营销人员的你有何感想？卖个李子需要问这么多问题，那么卖基金、保险、黄金是不是更需要精心设计呢？处处皆学问，成交存在偶然，但成功也是一种必然。大多营销人员之所以失败，是因为把别人成功的必然当作偶然，而把自己成交的必然当作偶然。

刺痛是最有效的营销动作

前文说过，"一瓶价值10万元的药，当我不知道我有病的时候，倒给钱也不会吃；当我知道我有病时，即使倾家荡产，我也会买药！"让客户埋单的关键点是药还是病呢？答案毋庸置疑，当然是病。营销的重点在"病"，而有的营销人员之所以失败，是因为把重点放在"药"上了。

情景案例中，在亮出"药"之前，翟亚南用了"他们的收益是您的12倍以上，而且没风险，资金也很灵活"这句话来刺痛王总，巧妙地树立了王总对解决方案的信心，亦吊起了王总的胃口。换种说法试试看："王总，您购买人民币理财吧，它没有风险，时间灵活，收益最高可达4.8个百分点，您有没有兴趣听我介绍一下？"如果理财经理这样说，恐怕很有可能会吃闭门羹。这两句话所表达的意思是一样的，带来的效果却大相径庭。如果王总说："他们是怎么存的？"接下来营销人员介绍人民币理财就是水到渠成的事情了。

切记，在亮出产品之前，你不是要让客户感觉水好喝，而是要让客户产生口渴的感觉！

·········要点回顾·········

营销初期的注意事项

需求挖掘三个“最”

- 关怀是最高明的营销破冰之举
- 提问是最根本的营销技巧
- 刺痛是最有效的营销动作

医生式营销四步法

情景案例

破解保险营销“开口死”

张太太四十多岁，打扮精致，常常在工作日来网点办业务，大部分钱存的是定期和活期。每过几个月，她就会往一个定期账户中存入几万元。理财经理郑晶莹虽然见过张太太几次，也打过招呼，但并没有与她进行过太多的交流。

其实，张太太是一位全职太太，就住在网点旁边的保利春天小区，这是个高档小区。张太太的老公是一家水泥厂的老板，这家水泥厂开了将近十年了。创业之初，张太太与老公一起打拼，她持股10%，老公持股90%。后来生意逐步稳定了，张太太就一心一意在家里带起了孩子，成为家里的财务总管。

郑晶莹这段时间的保险任务还有很大的缺口，这可是个愁人的产品，谁见了都是躲着走。今天张太太又来网点办业务了，估计又是来存钱的，看着张太太比较容易交流，郑晶莹想碰碰运气。

郑晶莹：“张太太，您来网点办业务了？”

张太太：“哦，是的！”

郑晶莹：“我帮您取个号吧。您办什么业务呢？”

张太太：“存钱，定期。”

郑晶莹：“好的。”

取完号之后，见前面还有几位等候的客户，郑晶莹把张太太请入了理财室。

郑晶莹：“张太太，看您特别年轻，您孩子还很小吧？”

张太太：“不小了，两个孩子，老大高二，老二初二。”

郑晶莹：“真没看出来您孩子都这么大了！您保养得真好！”

张太太：“不操那么多心。”

郑晶莹：“现在的孩子可是父母的心头肉呀！张太太有没有考虑过给孩子买一份儿童保险呢？”

……

这样的营销沟通，能够想象最后的结果，多数情况下，最后两人会不欢而散，张太太今后见了郑晶莹估计会躲着走。

还记得前面所讲过的破解见光死的“三不说”技巧吗？谁是最高明的营销人员呢？医生。也许病人坐下来看病的时候，由于信息不对称，会带着质疑和恐慌。但高明的医生会潜移默化地让病人信任自己，最后让病人为药埋单。

俗话说“道不远人，远人非道”。这看似平常的事情中究竟隐藏着什么营销秘籍呢？咱们来反思下医生看病的步骤：首先要看病人是什么病，其次是让病人知道他有病，接着是让病人知道病得不轻，最后是让病人知道药能治病。这四个步骤用在营销中就是搜索——锁定——撒盐——开药，这套抄袭了医生逻辑的营销套路就是医生营销法（见表 3-1）。

表 3-1　医生营销法

步骤	关键词	目的	问题类型	要点
第一步	搜索	看他是什么病	开放式问题	了解
第二步	锁定	让病人知道他有病	封闭式问题	痛点
第三步	撒盐	让病人知道病得不轻	难题式问题	扩大
第四步	开药	让病人知道药能治病	铺垫式问题	卖点

◌ 第一步：搜索

这个步骤目的是“看他是什么病”，用在营销中也就是“看他有什么样的需求”，此环节的问题方式是开放式问题。如何了解客户的需求呢？回忆下医生见到病人是如何开口讲话的：“您哪里不舒服呀？”将其引申到营销中，作为营销人员的你该怎么问？不能问“您对网银有需求吗”，这问题问得太直接了。在建立了信任后，可以问：“您是做什么生意的？”“您经常来银行办理哪些业务？”“您汇款的频率高吗？”……

◌ 第二步：锁定

这个步骤的目的是“让病人知道他有病”，用在营销中也就是“让病人知道他有需求”，此环节的问题方式是封闭式问题，简单地说，就是让客户回答“yes”的问题。假设在进行营销网银时，问题设计如下："网点办业务的人比较多，您也等了不少时间了吧？""等候的时候是不是感觉挺烦躁的？""您有没有感觉来网点汇款挺耽误时间的？"……

◌ 第三步：撒盐

这个步骤的目的是"让病人知道病得不轻"，用在营销中也就是"让病人知道问题不解决将会很痛苦"。此环节的问题方式是难题式问题，就是向客户描绘出如果没有此产品，将会遇到哪些难题。以网银产品为例："如果您不在摊位上，来了个大客户，您的小伙计搞不定，是不是就丢了一个大单？会损失不少钱吧？"……

◌ 第四步：开药

这个步骤的目的是"让他知道药能治病"，用在营销中也就是"让他知道这个产品能够解决他的痛苦"。此环节的问题方式是铺垫式问题，不要直接讲出产品，而是讲出产品对客户的益处。

还以网银产品为例："您有没有想过以后不再跑网点汇款，坐在您的档口，两分钟搞定，省下来的时间就安心做生意？如果有这样的办法，您愿意了解一下吗？"

理论学习并不复杂，但如果缺少了举一反三的能力，那就是纸上谈兵。同样，面对相同的客户，不同的营销人员进行营销，也会产生不同的营销效果。来看看张太太在另一家银行是如何被成功地营销保险的。

第一步：搜索

吴经理："张太太，您好！经常看您来网点办业务，是不是就住在附近呀？"

张太太："是的，隔壁的小区。"

吴经理："那咱们算是邻居了，以后来网点办业务提前给我打个电话，我帮您取个机动号，就不用排队了。"

张太太："谢谢！"

吴经理："经常看您都是工作日来取款，您是做生意的吧？"

张太太："老公做生意，我在家带孩子。"

吴经理："哟，对于女人来说，全职太太可是最好的职业呀，那得有个能干的老公，可不是每个女人都有这么好的福气的！"

张太太："你真会说话。"

吴经理："您老公是做大生意的吧？"

张太太："说不上，也就是开了个水泥厂。"

吴经理："您真有眼光！房地产前几年发展迅速，你老公的水泥厂一定发展得很不错吧？"

张太太："前几年还算不错。"

吴经理："是您老公一个人开的水泥厂吗？"

张太太："我也是股东，我们一起开的，开了快十年了！"

吴经理："看您的年龄，咱们也差不多，您有几个孩子呢？"

张太太："我应该比你大不少呢！我是两个孩子的妈妈了！"

吴经理："还真看不出来，您的孩子多大了？"

张太太："老大上高二了，老二上初二。"

吴经理："是不是准备送到国外上大学呢？"

张太太："有这个想法。"

吴经理："那您一定是家里的财务总管吧？"

张太太："嘿嘿，男人赚钱，女人攒钱嘛！"

第二步：锁定

吴经理："听说现在出国留学，一个孩子就要花费 100多万元，在国外读书要不少钱吧？"

张太太："如果想生活得好一些，恐怕还要更多呢。"

吴经理："你们家的收入就是靠您老公的水泥厂吧？"

张太太："是的，一个厂都忙不过来了！"

吴经理："今年的 GDP增速开始放缓了，您有没有感觉，现在国内经济环境不如以前了？房地产行业开始出现松动了，您说这种情况会不会影响到水泥厂呢？"

张太太："我也看过新闻，最近杭州的房价都开始有折扣了，政府还限制降价呢。照这样下去，我们家的生意估计也会受影响。"

吴经理："张太太，您的敏锐度还是挺高的！看来您居安思危的意识还是挺强的。"

张太太："全家就靠这个水泥厂了，我也会关注一下生意的好坏。"

吴经理："您两个孩子今后的留学要花不少钱，无论生意好坏，这个费用都是不能耽误的，您说是吧？"

张太太："是的！"

吴经理："再苦不能苦孩子，但如果水泥厂经营情况出现波动，留学费用毕竟不是一笔小数，到时候，如果影响到孩子的上学，那可是会后悔一辈子的事情，您说是吧？”

张太太：“所以我存了不少定期，投资公司虽然利息高，我一分都不存，就是指望着这些钱今后给孩子当学费用的。”

吴经理：“张太太，您真是个谨慎的人，未雨绸缪，考虑得真周到！”

张太太：“我的心思都在孩子身上呀！”

第三步：撒盐

吴经理：“只不过您这样也存在着不小的风险，哪怕您存了定期，未来孩子的学费还是有可能被耽误！”

张太太：“会有什么风险呢？说来听听！”

吴经理：“张太太，您想想看，如果水泥生意受到经济环境的影响，有没有可能出现经营问题？如果出现了债务纠纷，您家里的钱有没有可能被冻结呢？”

张太太：“好像我听说过公司债务不会冻结个人资产的。”

吴经理：“没错，法律上是这样规定的。但你们的公司是夫妻双方均为股东的公司，这样的企业出现债务纠纷，不排除被法院冻结个人资产的可能性，即使不是夫妻双方的公司，也出现过个人资产被冻结的案例，毕竟法院可以用抽离注册资本或占用公司资产等理由。那如果出现了这样的情况，您孩子的上学问题会不会受到影响呢？官司打几年我们能等着，孩子的教育能不能等呢？”

张太太：“您有什么好的建议吗？”

第四步：开药

吴经理："我倒是有个可以让您孩子教育经费没有任何后顾之忧的办法。"

张太太："什么办法呢？"

吴经理："您只需要把孩子未来上学的钱存到您开的一个账户中，这个账户具备了资产保全的功能。无论出现债务纠纷还是什么情况，这个账户里面的钱都不会被冻结，充分保证您孩子未来的学费，而且还可以享受到利息，您感觉这样的安排是不是挺好呢？"

张太太："什么账户呢？"

吴经理："是我们银行与保险公司共同来提供的一个服务，叫作银保通。"

张太太："原来是保险呀！"

吴经理："张太太，是不是保险并不是重要的问题，您最关心的还是如何规避公司经营影响到孩子教育的问题。也许您对保险有些成见，这很正常，但您孩子的学费100%有着落才是您最关心的事情。您说是吧？"

张太太陷入了思考之中，这时吴经理取出了一份保险协议，放在了张太太的面前说："张太太，如何保障您孩子的学费没有隐患，我给您看看相关的条款吧！"吴经理一边说着，一边把协议推到了张太太面前，向她讲解起其中的条款……

·········要点回顾·········

第一步：搜索　　　　第二步：锁定

第三步：撒盐　　　　第四步：开药

第四章 **产品介绍：**
有针对性地为客户做产品推荐

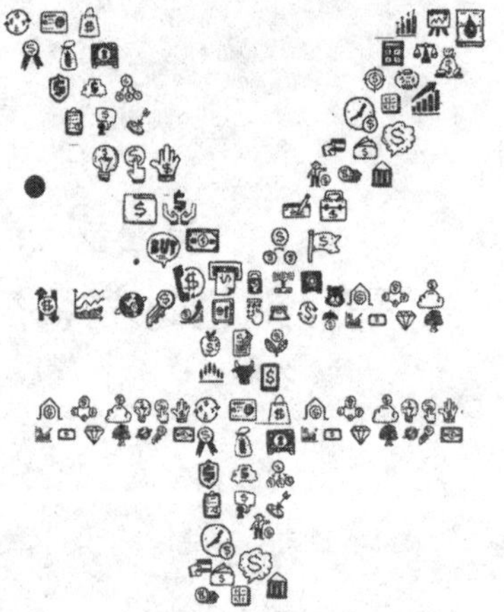

客户产生了需求之后，就要进入产品介绍这个环节了。如果用两个字概括本章的核心，那就是“卖点”。用最通俗的话解释就是：“出来卖，要有亮点！”如果再加上一句话，那么我会说：“一定是客户感兴趣的亮点，而非自己感兴趣的亮点。”

有这样一个小故事：第一天，小白兔兴冲冲地去钓鱼，结果到了晚上一无所获。第二天，它不甘心，又去钓鱼，结果到了晚上还是两手空空。第三天，它又来钓鱼。突然，一条大鱼从河里跳出来，怒气冲冲地对小兔子大叫：“你要是再敢用胡萝卜当鱼饵，我就扁死你。”这样的错误你犯过吗？

记得有一次，我陪同一个互联网公司老板去买西装，这个老板衣着讲究，气宇轩昂，在商场里逛，两旁不乏营业员的招揽声。突然，一位岁数不小的营业员阿姨见到这个老板时，卖命地大声吆喝：“进来看看吧，换季打折了，400元就能买套西装，快进来看看吧……”此时，你有没有感觉一只“小白兔”跳到了面前？

银行中更是不乏类似这样的“小白兔”！如果介绍网银产品，你会如何介绍？“省钱省时间，可好用了！”如果介绍人民币理财产品，你会如何介绍？“收益比储蓄高，还灵活！”如果介绍信用卡产品，你会如何介绍？“可以透支，解决燃眉之急！”如果介绍保险产品呢？相信多数营销人员会说：“收益比定期高！”这就需要营销人员发散一下已经锈迹斑斑的思维。认真琢磨一下，每个产品都能够提炼出很多卖点，为什么老是揪着一个不放呢?“一招鲜吃遍天”用在营销中会举步维艰，因为卖点一定要因人而异。不少聪明人在四处碰壁后恍然大悟,这么多卖点,不告诉客户太可惜了。于是，见了客户后，如同背书一般把产品的诸多卖点向客户罗列出来。这种方式正确吗?最后的结果不外乎让客户听得头晕脑涨，营销人员自己也不知所云,双方不欢而散。卖点单一是错,卖点繁多一样是错。

产品介绍环节目前存在的明显问题是卖点过于单一，且缺少匹配客户的思维方式，多数是一个卖点对应多个客户，或多个卖点对应一个客户，这种扫射式的营销，注定会被淘汰。在精准营销时代，产品介绍一定要与客户需求相匹配。

产品介绍五大乱象

情景案例

“见光死”的产品介绍

在银行里面做顾问，下面这种营销情景在银行大堂里经常上演。大堂经理与客户面对面站着，四目相望，过了一会儿，大堂经理开始讲话了：“王先生，咱们接触也不是一天两天了，您看我什么时候给您介绍过不靠谱的产品？这个基金真的非常不错，以大装备制造业为投资重点，目前我国的装备制造业总产值达到了 14 万亿元，前景一片光明，基金经理叫 XXX，他经验丰富，战绩辉煌……”

这是一个非常有耐心的客户，面对滔滔不绝的大堂经理，没有流露出一丝不满，反而面带微笑。直到大堂经理讲得口干舌燥，再也讲不下去的时候，他轻轻地说了句：“没兴趣，以后不要再推荐基金了，OK? ……”

我喜欢看枪战片，总是沉浸在硝烟战火的乐趣中，能够吸引我的基本上都是《真实的谎言》和《终结者》之类的枪战大片。影片中经常有这样的情景：一个气急败坏的人拿着冲锋枪一通扫射，霸气十足，但往往什么也没有打到。只听见远处传来一声清脆的枪响，拿冲锋枪的人应声倒地，在硝烟还没有散去的时候，世界已是一片寂静。

案例里的情景跟枪战片中的场景是不是很像？虽然跨越了时空与国籍，但他们有着相同的宿命，“冲锋枪”死的时候都不知道子弹是从哪里打出来的，大堂经理在失败的时候不知道是什么原因。如果不想成为炮灰，那么从现在起，停止扫射，开始点射。瞄准目标，寻找最佳时机，一枪命中，这才是高手的风格。

在营销过程中，产品介绍是一个关键环节。本章归纳了银行中各种营销人员的各种产品介绍，主要有以下五大乱象。

◌ 第一乱象：自信不足——客户疑

营销最大的敌人不是对手，不是价格太高，不是银行的政策，不是产品缺陷，而是你自己，是你的信心。没有自信的营销人员不仅说服不了客户，最后反而会被客户说服。一个有自信的营销人员和一个没有自信的营销人员，向相同的客户营销相同的产品，会产生不相同的结果。

在银行产品同质化的今天，营销人员拼的到底是什么？可归纳为三个字：影响力。只有你对一个产品充满了兴趣与信心，才可能影响客户，使其对产品产生兴趣与信心。**银行营销的是无形的产品，其最大的吸引力就是预期价值。作为无形产品，如果没有信心，就会缺少底气**。即使你不讲出来，但你黯然的眼神、消极的声音、无力的肢体语言，都会向客户传递一个信息——这是一个不靠谱的产品。请牢记，营销是信心的传递，是情绪的转移。

◌ 第二乱象：滔滔不绝——客户烦

都说人长了两只耳朵一张嘴巴，就是要多听少说，营销过程更是如此。客户说得多不一定能成交，营销人员说得多一定不成交。推销者以产品为中心，目的是完成销售；营销人员以客户为中心，目的是解决问题。如果一见到客户就滔滔不绝地开始介绍，只能让客户心生反感。客户会觉得你不关心他的需求，只关心你的营销。当客户有了这种情绪后，无论产品有多么适合，他都会离你而去，毕竟有理财产品的不是只此一家。

◌ 第三乱象：卖点单一——客户躲

“王大哥，您办个网银吧，可以帮你节省手续费，每次都能省下二十多元钱呢！”试想一下，客户是一个小老板，他会在乎 20 元钱吗？这种营销语术对一个刚参加工作不久的小白领也许有效，但幻想着所有人听了之后都能对网银产生兴趣，无异于缘木求鱼。

面对不同的客户，却使用一模一样的语术，沿袭一成不变的卖点，这样的营销，客户别说产生购买欲望了，恐怕连了解都不想了解。

◌ 第四乱象：卖点超多——客户迷

一条路上有两家水果店，第一家卖 12 种水果，第二家只卖 3 种水果。结果，第一家水果店虽然顾客盈门，营业额却比不过第二家水果店。为什么呢？也许是第二家老板做了产品分析，挑选了最热销的水果；也许是这种产品较少的经营方式帮客户很好地规避了“选择恐惧症”。无论何种原因，你都会发现一个关键词——“聚焦”。

毫不夸张地说，从任何银行产品身上挖掘出 10 个以上的卖点都不是难事。也许你会有疑问：有这么多吗？我可以肯定地回答你：毋庸置疑。如果只是把这些卖点一股脑儿地灌输给客户，结果会怎样呢？假设向一位 50 岁左右的经商客户营销网银，需要讲网银可以网上购物、可以用手机号码转账、可以网上申请换卡吗？好像这些卖点跟客户毫不相干，而如果从省钱、省时间方面来讲，还是有成交的可能性的。所以，“把产品了解得面面俱到是专家，把产品介绍得面面俱到是傻瓜”。

◌ 第五乱象：夸大其词——客户厌

对于理财产品，多数客户比较关心风险问题。面对一个问题，多数营销人员无言以对，这个问题就是：“您能保证这个产品肯定赚钱吗？”如果是保本理财等产品，也许你可以拿出产品说明书；但对于基金、信托或者是贵金属产品，没有任何文档性文件可以给客户承诺，这样，营销人员好像被客户逼入了死胡同一般。有的理财经理因为任务压身，一时冲动，不仅拍胸脯保证不会亏钱，还签字承诺，结果导致了无穷无尽的后患。

真正的投资高手是不会把重点放在银行的，在银行选购理财产品的客户之中也不乏理性的思考者。所以在向客户介绍产品时，切记不要夸大其词，也不要做出各种承诺，这样不仅会给自己带来麻烦，还会让客户心生反感，毕竟大多数人都知道："理财有风险，投资需谨慎！"

如果客户再问你："你能保证收益吗？"而你只能口头回答，不妨问一句："既然您希望做出承诺，那么看来您还是对产品很有兴趣。请坚信您的选择！同时，如果您认为我是个公正客观的人，那么请相信我所推荐的每个产品都是精挑细选的！……"

·········要点回顾·········

第一乱象：自信不足——客户疑

第二乱象：滔滔不绝——客户烦

第三乱象：卖点单一——客户躲

第四乱象：卖点超多——客户迷

第五乱象：夸大其词——客户厌

产品介绍要与客户需求相匹配

情景案例

贵金属营销高手的长命锁营销

提起长命锁，想必大家都不会陌生。银行营销的贵金属中常有此物，估计不少人小时候戴过，据说戴了会保佑长命百岁。也许有人会说这都是迷信的说法，只不过取了个好彩头，这东西不好卖，现在很多人都不信这个了。猛一听此话有些道理，但有人一天就能卖出去七八个长命锁，人家是如何营销的呢？

王庆春看到一位三十多岁的太太在等候区，她走过去热情地问："太太，您前面还有几个人在等候呀？"太太抬眼见是银行的工作人员，说："还有四个！""这会儿是高峰期，让您久等了。我等的时候比您还着急，您有没有发现，有人聊聊天时间就过得快点？"王庆春说完这话停顿了一下，她看到太太没有接话，接着说，"太太，经常看您过来，是住在这附近吧？""嗯，不远。"

"这附近可都是高档住宅，太太，从您打扮上看就能感觉到您是一个有身份的人。""你可真会说话，我也就是工薪阶层。""工薪阶层哪能有您这种气质？您看我可是标准的工薪阶层，让别人看咱们两个肯定觉得我比您大十岁以上，其实咱们应该是同一个年代的人。我孩子今年两岁，您孩子多大？是不是差不多？”“差不多，比你家孩子小一岁。”听到这里，王庆春心中窃喜，又一个目标客户出现了。她接着说：“太太，您的耳钉真漂亮，不知您有没有注意过，当时打耳朵眼的时候，咱们都是戴个银耳钉，您知道这是为什么吗？”太太平日到银行，听到的都是此起彼伏的产品推介声音，今天第一次听到银行营销人员竟然跟她聊这种看似和营销关联不大的问题，有了点儿兴趣，说：“你说说看。”

王庆春接着说：“太太，银子有种特殊而神秘的作用，您听过没有？”太太迷惑地摇了摇头，王庆春接着说：“咱们中国有句古话叫‘穿金戴银’，您一定听过。为什么要戴银？想想看皇帝吃饭前，是怎么判断饭菜是否有毒的？”“用银筷子试一下！”“没错，筷子发黑，饭菜有毒，这说明银器有吸附有毒物质的作用，藏族的酥油茶和蒙古的奶茶，他们都是用银碗来装，可以保存得更久，因为银器可消灭一些让饮品变质的细菌。这些您应该有印象吧？”太太没说什么，但坚定地点了下头。

“您看那些大山里面的少数民族，直到今天头上和身上还是戴着很重的银饰。这是为什么呢？由于99纯银杀菌能力很强，故被誉为‘永久性的杀菌剂’。《科学报告》期刊上一项研究发现，银离子除了直接杀死细菌外，被它杀死的细菌尸体还可以继续影响周围的其他细菌并将它们置于死地。太太，我家孩子小时候有吃手的习惯，您家孩子有没有？”“有的，小孩子都这样。”“对的，太太，小孩子都爱吃手，我们常说病从口入，但孩子戴了长命锁和手镯后，他最容易去抓长命锁和手镯，随着手和银器的接触，细菌也随之被消灭。所以，太太，您说戴了长命锁是不是可以减少孩子的疾病呢？如果孩子戴的是99纯银手镯，突然变黑，您就要格外地注意了，小宝宝一定是受到了惊吓，或是宝宝附近有严重的含硫污染源，导致纯银手镯变黑。”

还没等她说完，太太就迫不及待地问：“多少钱一个？”孩子是妈妈的心头肉，和孩子的健康有关联，别说是几百元了，几千元几万元又有何妨？

一个扎着马尾辫的女孩走入网点，从身上若隐若现的书卷气能看出这是一个在校大学生。只见王庆春走了过去，最后的结果是这个女孩拿着一个长命锁离开了。此情此景我看得呆若木鸡，王庆春说：“不奇怪，她没孩子，她就没哥哥姐姐或表哥表姐了？他们就不能有孩子了？大学生就一定不会给孩子买礼物了？”一瞬间，我突然重新理解了目标客户的定义。我仿佛明白了王庆春的营销秘籍。

向客户介绍产品时，非专业营销人员往往会把卖点一鼓作气地说给客户听，让客户感觉云里雾里，摸不到重点。就比如长命锁，多数人将卖点都是放在投资、收藏、装饰上。王庆春则另辟蹊径，针对目标客户，重点抓住了银质长命锁杀菌消毒的作用，一语中的，发掘出了客户没有意识到的内心诉求，激发其成交的欲望。

写到这里，想起之前听过的一个案例。红娘准备撮合一对年轻人，这两个人都挺优秀，男方 1.8 米的个子，相貌堪比周润发，有房有车，在单位还是个小领导，性格温文尔雅，人品也是有口皆碑的。女方也不差，温柔贤惠，相貌端庄，一笑还有两个小酒窝。换成一般的红娘会把男方的优点一股脑儿地介绍给女方，如果是这样，会是什么后果呢？女方可能会说：这么好的男人，咋年龄这么大了还没有对象呢？要不然就是你言过其实，要不然就是男方有不为人知的缺陷，算了，不考虑。

但这次介绍的红娘经验老到，她没有直接找女方，而是侧面打听了一下，发现女方特别听她妈妈的话。她妈妈很有主见，认为男人长相和收入都不是最重要的，最重要的是有责任感和上进心。如果只有经济实力没有责任感，女儿嫁给他也是不靠谱的事情。得知这个消息后，红娘见到她妈妈后，开口就介绍："这个男孩特别孝顺，前段时间他妈妈腰疼，弯不下腰，每天晚上都是这孩子给他妈妈洗脚。你说现在这年头，这么懂事、这么孝顺的孩子到哪里去找呀！"短短的一段话，女方妈妈听完后暗自发慌："这么好的女婿，我可是不能让别人抢走了"。女方见了男方后，发现他不仅有责任感，还有幽默感，再加上事业小有成就，这都是没想到的惊喜。如果可以发奖，我一定给这个媒婆发一个营销高手奖。这就是我们下面要讲的双向匹配法则所带来的绝妙效果。

回到情景案例，长命锁有那么多卖点，为什么王庆春只抓住"消毒杀菌"说事儿呢？因为她熟知卖点要与客户相匹配的"积木法则"。

我小时候的玩具少之又少，唯一能回忆起来的就是一叠画片或妈妈缝的沙包。但现在的孩子玩具实在太多了，有一种"儿童配对能力益智积木"，如果没见过，看看下面的图片就会感觉豁然开朗（见图 4-1）。

图 4-1　儿童配对能力益智积木

原来就是这个玩具呀！这个玩具对于成年人来说，实在是再简单不过了，拿个三角形的积木塞到三角形的洞里面就可以了。但为什么到了营销的时候，这个配对能力就烟消云散了呢？对于资产雄厚的客户，介绍理财产品的收益注定难有吸引力。

对于阔太太，保险的收益注定难以产生诱惑。对于“月光族”，介绍定投的收益高低也难以打动人心。这是什么原因？归根结底，**多数产品介绍之所以难以打动客户，是因为卖点与客户的配对能力缺失造成的**。这就涉及下面要讲的“双向匹配积木法则”了(见图 4-2)。

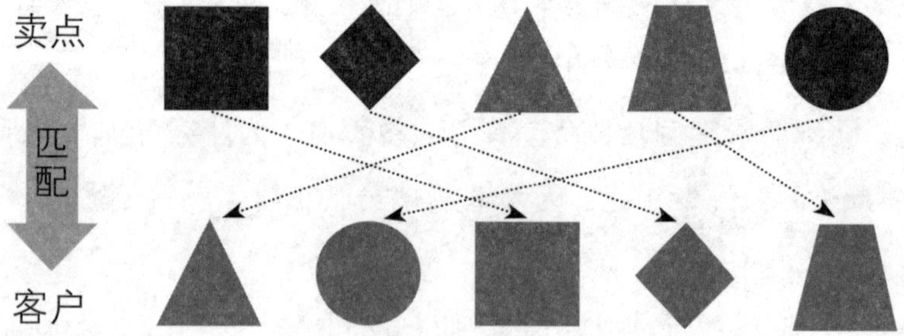

图 4-2　双向匹配积木法则

“双向匹配积木法则”源于生活，先看看小朋友玩这个积木时的表现吧。他们玩积木的思考顺序是这样的：第一步，罗列积木，即先拿着积木摆一地；第二步，辨别空洞，即看积木都有哪些形状，然后看木头盒子都有哪些形状；第三步，匹配形状，即开始拿起积木一个个往里边塞。尽管刚开始有点儿难度，但越塞越顺手。也许是熟能生巧，也许是剩下的积木少了容易匹配。

思考一下，这种匹配顺序对营销有没有启发呢？对应“双向匹配积木法则”，第一步罗列积木，就是要把产品的所有卖点尽可能完全地提炼出来；第二步是辨别空洞，就是要把客户类型全部罗列出来；第三步是匹配形状，就是要把卖点与客户形成配对关系，并将其牢记于心。经过这三步之后，营销人员如何营销一个产品的思路就越来越清晰了。

◌ 罗列卖点

俗话说，“光说不练假把式！”我们找个产品来练习一下，以定投为例。第一步是罗列卖点，此时，需要运用扩散式思维，尽可能从不同维度、全面地挖掘出定投的所有卖点。使用什么工具呢？没错，就是“造句法”。你一定学习过造句，这里所使用的工具叫作“造句法”，用“因为……所以你买个定投吧”造句，试试看，你可以造出几个句子？

（1）因为定投可以帮你强制储蓄，养成储蓄的好习惯，所以你买个定投吧。

（2）因为定投是学习理财的入门产品，门槛低、风险低，所以你买个定投吧。

（3）因为定投风险比基金低很多，分散资产配置风险，所以你买个定投吧。

（4）因为定投比定期更加灵活，急用时不会像定期那样损失太多的利息，所以你买个定投吧。

（5）因为定投可以成为你合理的“小金库”，积少成多，锻炼理财能力，所以你买个定投吧。

（6）因为定投有更高回报的可能，让财富增长，所以你买个定投吧！

（7）因为定投的钱等于是你宝宝的教育基金，定向投资有针对性和计划性，所以你买个定投吧！

（8）因为定投连我自己都买了，如果不好我会买吗？所以你买个定投吧！

（9）因为这周买定投可以送一个乐扣乐扣的杯子，这杯子沃尔玛要几十上百块呢，所以你买个定投吧！

（10）因为咱们是朋友，我要是完成任务了请你吃饭，所以你买个定投吧！

……

◌ 罗列客户

接着，就要进入第二步——罗列客户。此时，需运用的就是总结性思维。暂不用惯性思维分析产品适合哪些客户，把你平时最经常遇到的客户类型尽可能地全部罗列出来，不必拘泥于何种维度，否则会框定自己。罗列出来之后，也许你会发现比较混乱，然后再逐步合并、梳理，进行归纳与合并，最后提炼出六七种有代表性的客户群。比如某位大堂经理经常遇到的客户是：做生意的老板、参加工作不久的白领、附近气象局里面的公务员、全职太太、工作和家庭逐步稳定的小两口。

◌ 双向匹配

第三步就是进行双向匹配。此时，需要运用的是关联性思维，采用“连线法”，把卖点与客户群进行链接，如图 4-3 所示。连接完毕后，为每个客户群的卖点进行优先等级排序，在明确大概率的情况下，就可以整理基于客户的产品卖点了，找出其首要卖点是什么。例如：

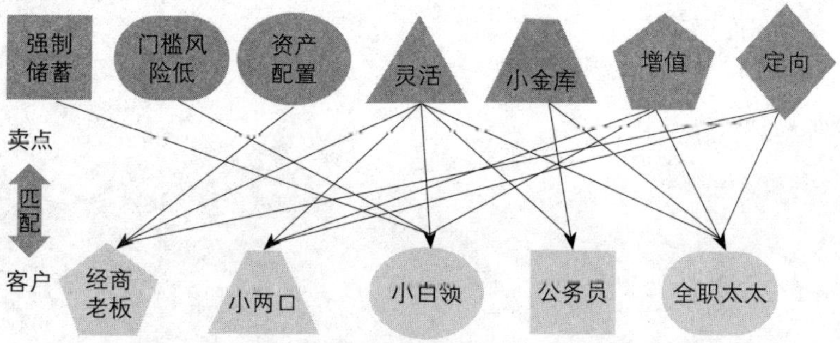

图 4-3　双向匹配的积木法则——定投为例

经商老板：（1）资产配置的必备产品；（2）资金比较灵活；（3）为孩子做定向投资，专款专用。

小两口：（1）为孩子做定向投资，专款专用；（2）灵活的理财方式；（3）资产增值的必备工具。

白领：（1）强制储蓄的理财工具；（2）门槛低、风险小；（3）资金比较灵活；（4）资产增值的必备工具。

公务员：（1）合情合理地建立自己的“小金库”；（2）资金比较灵活。

全职太太：（1）为孩子做定向投资，专款专用；（2）合情合理地建立自己的“小金库”；（3）资金比较灵活；（4）资产增值的必备工具。

卖点与客户双向匹配是营销的关键，只有精准地找到客户关注的核心卖点，对症下药，客户才会心甘情愿地埋单。

要点回顾

罗列卖点

罗列客户

双向匹配

产品介绍的SCBC法则

情景案例

“非主流”的产品专家

认识余雨清的人都知道他有一个外号，叫作“产品专家”。作为红霞路支行的理财经理，他向客户介绍产品时，三言两语就能够言简意赅地把产品介绍出来，还让人听后有一种立马成交的意向。他是如何做到的呢？

一个小老板在网点办理业务，等候间隙拿起了介绍网银的折页。看到他有兴趣，余雨清立马走了过来。客户问：“什么是U盾？”余雨清是这样介绍的：“简单地说，U盾是一个可以让您节省时间的工具，特别适合像您这样生活节奏快、时间宝贵的精英人士，因为您可以在公司或家里办理业务。使用之后，您就不用像现在这样办个业务来来回回用1个多小时了，每周至少可以帮您节省出3个小时的时间，都够您谈好几单生意了。我有个朋友做水产生意，以前进货都是到银行汇款，不管是排队，还是在路上，都会耽误时间。现在办了网银，在档口就能转账汇款，还能查询明细，他埋怨我没早向他介绍。”

我观摩了余雨清几次营销，虽然都是U盾，但他用的话术却截然不同，当一个不是很富裕的小白领来网点给老家汇款时，他是这样介绍的：“简单地说，这是一个可以帮您节省汇款手续费的工具，特别适合刚参加工作且经常需要向家里汇款的白领人士，因为手续费可以打 5折。使用之后，您就可以每月节省出将近 100元的汇款手续费，积少成多，一年就是 1200元，这就是一部智能手机的钱呀！我有个朋友特孝顺，还要供弟弟妹妹上大学，他还做兼职，每次发工资都赶紧给他们分别汇款，使用网银后，一个月就能省下 200元……”

他的介绍如同行云流水一般，不但让人容易理解，而且印象深刻。更重要的是，他能让客户对产品了解得一清二楚，业绩增长自然也是水到渠成的事情。

余雨清为什么要针对不同的客户讲出不同的话语呢？前文讲到“双向匹配积木法则”，第一步是罗列卖点，网银的卖点也是很多的——节省时间、节省费用、网上购物、查询清单、购买理财、快速挂失、代收代付、财富分析等。第二步是罗列客户，基于常见客户的罗列，参考案例中的罗列，有小老板、小白领等。第三步是双向匹配，小老板首要关注的是省时间，毕竟对老板来说，时间就是金钱；而小白领最关注的是省钱，毕竟对“月光族”来说，最需要的是钱。当用双向匹配积木法则进行了卖点配对后，看到客户就会下意识地生成营销策略，知道首要卖点是什么、该如何切入、客户疑问如何解答等。

余雨清的话术能够脱口而出，虽然看似没有什么规律，但是外行看热闹，内行看门道。其实，他的话术是套用了产品介绍的

“SCBC法则”。

何谓 SCBC法则？这是在 FABE（简单来说，这是一种销售模式，通过四个关键环节来解答消费者诉求，极为巧妙地处理好顾客所关心的问题，从而顺利实现产品的销售诉求）的基础上，结合金融产品的特征演变而来的，是有高度、有步骤、有操作性的话术模式。它通过四个关键环节，巧妙地处理好顾客关心的问题，从而顺利地实现产品营销。从下面的表 4-1、表 4-2中可以一目了然地了解 SCBC法则及其所使用的语术。

表 4-1　网银销售的 SCBC 法则及话术（对象：小老板）

	S——总结	C——对象	B——利益	C——案例
单词	sum-up	customer	benefit	case
传统方法	这是一个 U 盾	很方便，很适合您	可以省时间	很多人都在用
SCBC法	简单地说，U盾是一个可以帮助您节省时间的工具	特别适合像您这样生活节奏快、时间宝贵的精英人士，因为您可以在公司或家里办理业务	使用之后，您就不用像现在这样办个业务来来回回用1个多小时了，每周至少可以帮您节省出3个小时的时间，都够您谈几单生意了	有个朋友做水产生意，以前进货都是到银行汇款，不管是排队还是在路上，都会耽误时间，现在办了网银，在档口就能转账汇款，还能查询明细

表 4-2　网银销售的 SCBC 法则及话术（对象：小白领）

	S——总结	C——对象	B——利益	C——案例
单词	sum-up	customer	benefit	case
传统方法	这是一个 U 盾	汇款手续费打折	可以省手续费	很多人都在用
SCBC 法	简单地说，U 盾是一个可以帮您节省汇款手续费的工具	特别适合刚参加工作且需要经常向家里汇款的白领人士，因为手续费可以打 5 折	使用之后，您就可以每月节省出将近 100 元的汇款手续费，积少成多，一年就是 1200 元，这就是一部智能手机的钱	有个朋友特孝顺，要供弟弟妹妹上大学，他还做兼职，每次发工资都赶紧给他们分别汇款，使用网银后，一个月就能省下 200 元

通过四个步骤，清楚地介绍了产品的优点、适合对象、利益好处，并且还有佐证的案例。下面就这四个步骤做个简单的讲解。

◌ S：总结（sum-up）

定义：总结出产品的针对性特点。

有没有见过这样的营销人员？客户问：什么是网银？回答：网银就是网上银行。客户问：什么是网上银行？回答：网上银行就是网银呀！有学术范儿的营销人员会这样回答：网银就是一个类似于 U 盘的 U 盾，插在电脑上可以办理银行非现金业务。客户本来就一头雾水，这下更是云里雾里了。所以，话术模式是："简单地说，它就是一个可以帮助您……的工具。"

◌ C：对象（customer）

定义：为什么适合您这样的客户。

单单一句“这产品特别适合您！”这种话语不接地气，很难让客户接受。只有讲出了客户感同身受的特征或难题后，客户才会产生共鸣，可以借鉴的话术模式是：“特别适合您这样……的客户，因为它具备了……功能。”第一个省略号是特征，第二个省略号是功能。再提炼一下，第一个省略号是果，第二个省略号是因。

◌ B：利益（benefit）

定义：对客户有什么具体的好处。

如何理解具体？相信会有各种解释。这里的“具体”二字，可以理解为数据、条款、细节等。这样会让客户有更直接、更清晰的利益认知。所以，话术模式是：“使用之后……就可以让您……都可以让您……”

◌ C：案例（case）

定义：与客户具有相关性的案例。

数字刺激左脑，而案例则会刺激右脑，会给客户勾勒出一个立体的画面，让客户清晰地知道，我使用了这个产品，会产生什么样的效果。这样做的好处是用讲故事的方式淡化营销的味道。所以，话术模式是：“我有个朋友，他和您一样……后来……”

将四个环节总结为一个关键词，就是针对性。脱离了针对性的语术，如同水中浮萍，没有立足点，会轻易地受到客户质疑；具有了针对性，有了逻辑关系，不但具有较强的说服力，而且容易让客户发自内心地接受和喜欢。

要点回顾

S：总结——sum-up

C：对象——customer

B：利益——benefit

C：案例——case

卖点提炼的四点合一

情景案例

巧用保险不可替代的卖点

大约在十年前，一位培训老师出了一套光盘，名字很霸气，叫作《谈出天下》，讲的是如何凭三寸不烂之舌纵横捭阖。引用一下这个名字，叫作“谈出业绩”。前几天在广州XX银行上课，下课后，某学员微信：“我和很多客户关系都不错，很谈得来，就是不知如何开口营销产品。”如果各位营销人员也遇到这种难题，可以看一下下面的案例，这个案例是专门针对这个问题而讲的，营销是“谈”出来的。

在理财室的沙发上，坐着何经理与孙太太。孙太太是一位全职太太，老公六十多岁，经营着一家汽车配件工厂，生意还不错。孙太太常来太白路支行办业务，算是何经理的常客了。茶盘上放着一壶沏好的红茶，香气从壶嘴中悠闲地飘出，飘散在空气中。但好像这并没有吸引孙太太，因为此时的她正在津津有味地听何经理讲故事。

其实，何经理讲的故事是：有一个富豪，有三个孩子，可以说事业成功，子嗣兴旺，过着美满的生活。但在一次例行体检时，富豪被查出了肺癌，并且已经是晚期了。既然这样了，那就赶紧先找个律师写一个遗嘱吧。为避免大家七嘴八舌，他在家人都不知道的情况下，单独约见律师，写了一份遗嘱，并且把遗嘱密封了起来。半年后，富豪去世。

殡仪馆的丧礼刚刚办完，家人就召开了家族会议，律师当着大家的面将遗嘱拆开，进行了宣读。这份遗嘱考虑得很周到，三个孩子和一个老婆一人一套房子。但 2000 万元的资产分配得不公平，老大、老二各分了 300 万元，妻子和老三却各分了 700 万元。给妻子多分点也无可厚非，但为什么给老三分这么多呢？因为老三为人憨厚老实，不善交际，所以富豪担心老三今后的日子过得困难，就给他多分了一些。

这个会开得不欢而散，老三不想和他们纠缠，拿起遗嘱跑到银行,要把这 700 万元转到他的户头下。结果银行没给他办理，说还少一道法定程序，要他再去一趟公证处，因为仅有遗嘱还不行，还要有一个重要的公证，专业术语叫作“继承权公证”。办理这个手续很复杂，要先提出申请，然后公证员把所有的法定继承人和遗嘱继承人召集起来，在同一时间到同一地点确认，然后才可以做“继承权公证”。

这显然是不可能的事情，对遗嘱满腔怒火的老大和老二是绝对不会同意的。最后商量不成，老三作为原告，起诉了老大和老二，这个案子涉及十来个当事人，他们前后一共打了整整三年官司。在这期间，富豪名下所有的资产都是被冻结的，这还不算，“继承权公证费”是总资产的 2%。想想看，这也是笔不小的开支吧！并且，三年的诉讼费和律师费加在一起都不止

100万元。很多人认为只要立了遗嘱了，就万事俱备了。其实，远不是这回事儿。

故事讲到这里，孙太太表现出一副挺感兴趣的样子，问了句："遗产继承要这么复杂吗？"何经理喝了口茶说："对于内行人来说，处理这种事情哪用得着这么复杂？不仅可以没有纷争，还可以节省费用呢！"孙太太说："说来听听。"

何经理说："财富继承的范围很广，包括资金、不动产、股权、有价证券、知识产权等。作为继承者来说，这些东西是不是都想继承呢？"孙太太说："那是肯定的，这些都是财富。"何经理接着说："继承权公证需要资产2%的费用，假设房子加上资金，加上股权，合计2000万元的继承资产，如果需要公证的话，这就要用40万元的公证费了！您知道怎么避免花这笔冤枉钱吗？"看到孙太太摇头，何经理接着说："人寿保险就可以免除这部分费用。"

停顿了一下，何经理又接着说："您看遗产分配，即使考虑得再周到也避免不了有争议，您知道怎样才能完全按照分配人的意愿，让争议无法产生吗？还是人寿保险。它具有保密性，可以不受争议地指定遗产继承者，当分配人希望特意照顾某人多分配些资产的时候，哪怕是非法定继承人，只要通过人寿保险，任何人都没有条件干涉分配。因为《中华人民共和国保险法》第23条规定：任何单位或个人都不得限制被保险人或者受益人取得保险金的权利。也就是说收益权大于债权！"

看到孙太太点头，何经理继续说："您也知道，老板去世之后，企业可能面临纠纷、衰败，甚至破产。如果牵扯到债务纠纷,《中华人民共和国公司法》规定：私营企业和合伙企业都需要业主承担无限责任，偿债范围包括了业主的私有财产。如果冻结了老板个人账户的资产，会导致无法继承。如果有了人寿保险，那结果就不同了。因为人寿保险不属于债务的追偿范围，也就是说资金账户不受债务纠纷困扰。”

何经理又接着说：“对后代而言，如果一个年轻人一下子拿到了几千万元，却没有驾驭财富的能力，因富生奢，加上安全因素，那么在他今后漫长的人生中会有很多风险。针对这一点，保险公司可以分批、分期给付受益金，保证资产与人身的安全性。”孙太太听得专心致志。

何经理又接着说：“如果走法律继承的程序，从公证遗嘱到后面的死亡，再到继承权公证，再办过户，前前后后要折腾半年的时间。而通过人寿保险继承遗产，去世后，只需要带着身份证和死亡证明就可以到保险公司领钱了。”孙太太听得聚精会神。

何经理又接着说：“购买这种寿险，一定要找到熟悉和信任的人，毕竟这些信息如果被泄露出去，虽然站在法律角度上看，是危及不了什么利益，但毕竟让太多的人知道对自己不是件好事。我这人平时毛病不少，但最大的优点就是嘴严，这也是这么多年很多客户信任我的原因……”

孙太太为什么听得这么认真呢？因为前段时间，她先生被查出了不治之症。所以她对遗产继承这个话题特别感兴趣，正巧，今天何经理就聊到了。这是一种纯粹的巧合吗？不，千万别把别人成功的必然看作偶然，营销讲究的是谋定而后动。

在分析案例之前先讲一个故事，希望大家能静下心来认真地读完。这个故事曾经激励了一个营销人员不断地为自己的产品标新立异却又让客户充满惊喜的卖点。在这里引用一下朱国勇写的《高贵的生命不卑微》一文（部分内容有删改）。

那一年，他13岁，父亲突然递给他一件旧衣服，并问他："你看这件衣服值多少钱？"这是一件看似从废旧市场淘回来的衣服，他说："大概一美元。""相信你会有办法把它卖到两美元的！"父亲坚定地看着他。"傻子才会买！"他赌气地说。"为什么不试试呢？也许会有奇迹。"父亲的语气中带有真诚，并透露着自信，"你知道，家里的日子不富裕，如果你卖掉，就算是帮了我和你母亲大忙了！"他不自信地回答："我试试看吧，别抱希望！"

他小心翼翼地把衣服洗干净，虽然没有熨斗，但还是用刷子把衣服尽量刷平。第二天，带着衣服来到人流密集的地铁口，这是个贫民区的地铁口，经过六个多小时的叫卖，他终于卖掉了这件衣服。

他紧紧地攥着两美元，一路奔回了家。自此，他开始热衷于从垃圾堆里捡出旧衣服，将其打理好后，再去闹市卖。

如此过了十多天，父亲突然又递给他一件旧衣服："这件衣服可以卖到20美元！""开玩笑吧，怎么可能？"他看着这样的衣服，实在不敢相信谁会买。"你第一次卖衣服不也是这样问的吗？不试一试怎么知道？相信自己！"

经过一番冥思苦想，他终于想到了一个办法——让学画的表哥在衣服上画了一只可爱的唐老鸭与一只顽皮的米老鼠。这次，他没有在贫民区的地铁口卖，而是选择在一所贵族子弟学校的门口叫卖。不一会儿，一位小少爷看上了这件衣服，十分喜爱衣服上的图案，而后管家掏钱给买了下来，而且小少爷一高兴，还给了他 5 美元小费。天呀，一下子就是 25 美元呀，这可是他母亲一个月的工资！

过了段时间，父亲又递了一件衣服过来："相信你可以将这件衣服卖到 200 美元！"父亲目光深邃地看着他，这一次他没有说不可能，也没有说试试看，而是毫不犹豫地接了过来，并开始思考如何把衣服卖到这个价格。

两个月后，机会终于来了。当红电影《霹雳娇娃》的女主角拉佛西来到纽约做宣传，记者招待会结束后，他瞅准时机，猛地推开身边的保安，扑到了拉佛西身边，笑容满面地举着旧衣服请她签名，并且还把笔递了过来。拉佛西先是一愣，但是马上就笑着签了名，没有人会拒绝一个纯真的孩子。他笑着说："拉佛西女士，我可以把这件衣服卖掉吗？""当然，这是你的衣服，怎么处理完全是你的自由！"他举着衣服高喊起来："拉佛西小姐亲笔签名的运动衫，拍卖了，200 美元起价！"经过现场激烈的竞价，一名石油商人以 1200 美元的高价买了这件运动衫。回到家里，一家人陷入了狂欢之中。父亲感动得泪水横流，不断地亲吻着他的额头："我原本打算，你要是卖不掉，我就叫人买下这件衣服，没想到你做到了！你真棒，我的孩子，你真的很棒……"

一轮明月升上山头，透过窗户柔柔地洒了一地月光。这个晚上，父亲与他抵足而眠。父亲问："孩子，从卖这三件衣服中，你又明白了什么吗？""我明白了，您是在启发我，"他感动地说，"只要开动脑筋，办法总是会有的。"父亲点了点头，又摇了摇头："你说得不错，但这不是我的初衷。我只是想告诉你，一件只值 1 美元的旧衣服，都有办法让它显得高贵起来。更何况我们这些活着的人呢？我们有什么理由对生活丧失信心呢？我们只不过黑一点儿、穷一点儿，可这又有什么关系？""是的，连一件旧衣服都有办法让它显得高贵起来，我还有什么理由妄自菲薄呢！"20 年后，他的名字传遍了世界的每一个角落，他就是——迈克尔·乔丹。

这个励志故事从不同角度都可以解读出发人深省的道理，鉴于我们讨论的是营销问题，所以主要讨论为什么一件原本市场价值 1 美元的衣服会被卖到 1200 美元。也许是卡通图案的作用，也许是名人签名的影响，但试想一下，卡通图案放在地铁口可以卖 25 美元吗？显然，乔丹先生不仅是伟大的运动员，更是一个营销奇才，他的思维逻辑是基于目标寻找客户，基于客户提炼卖点，基于卖点展开行动。所以，无论如何讨论，都逃离不出结合目标客户的需求发掘产品的价值卖点这个结论。

卖点是一个在营销中被反复提到的概念。什么是卖点？就是消费者购买产品或服务的关键原因。但多数人会陷入寻找卖点的误区：从产品功能入手，导致各家银行产品卖点千篇一律；从产品利益入手，导致面对高收益对手一筹莫展；从产品概念入手，导致客户认为言不符实。卖点分析错误，成了多数营销人员失败的“重灾区”。

当今的市场，客户对产品的卖点要求越来越高，成交动机从最初的本能的增值，逐步演变成不同层次的心理需求。昙花一现、稍纵即逝，随着客户心理的变化，营销人员对卖点的提炼也必将与时俱进，精耕细作。

卖点分析的第一个点是兴趣点，如何让产品的卖点有效地激发出客户的成交意向，则需要用另外三个点来围绕兴趣点做文章，形成三足鼎立之势，最终形成卖点提炼的四点合一（见图 4-4），这四个点就是：

（1）兴趣点——客户关注什么？

（2）利益点——产品可以做什么？

（3）支撑点——如何证明利益点的真实性？

（4）差异点——在我这里成交有什么独特之处？

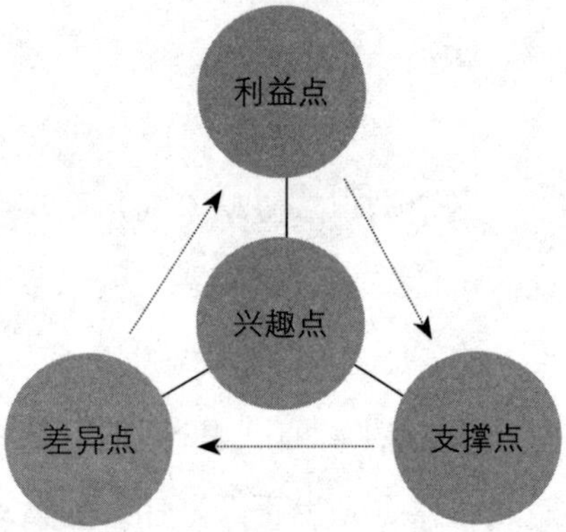

图 4-4　卖点提炼的四点合一

◌ 兴趣点——客户关注什么

多年前，一个台湾的营销老师讲过一个案例。在一个小区里，还剩下最后一栋别墅迟迟没有卖出去。这栋别墅位于角落，每天阳光照进屋的时间比较短，而且户型不好，一楼连一个卧室都没有，老人们住会不太方便；客厅也不够大气，因此开盘将近一年了，还是没卖出去。售楼部来了一个新营销员叫周秉熙，他在这个别墅里转了几圈后，表现出一副胸有成竹的样子。

一天，一对夫妻来看房，周秉熙带着他们来到了这栋别墅，一进到院子里，周秉熙刻意停了一下。那位太太惊喜地说：“老公，您看这棵樱桃树开的花多漂亮！”老公其实早就盯着在看了，但听到老婆这样说，他反而快速地把目光收回来，瞥了一眼太太。他们走进客厅，太太说：“这客厅是不是小了一点儿呢？”周秉熙说：“没错，客厅确实不大，只不过这个厅最大的好处是，如果在这里放一个沙发，可以随时看到那棵樱桃树！”太太走到那个位置向外看了看，脸上露出满意的笑容。走到厨房的时候，太太说：“这厨房设计得也不合理，灶台太高了！”周秉熙说：“没错，灶台有些高，只不过这个厨房最大的特点是炒菜的时候，从前面的窗户可以看到那棵盛开的樱桃树。边炒菜边赏花多好呀！”太太再次露出了满意的笑容。走到二楼卧室的时候，太太说：“这卧室好像没有阳光呀。”周秉熙说：“在上午，光照时间确实有点儿短，只不过这个卧室最大的特点是有一个大落地窗，就算坐在床上，也可以看到下面那棵盛开着美丽花朵的樱桃树,这可不是一般的房子可以享受得到的。”最终，这对夫妻花 400 万元买了这栋别墅，他们买的哪是房子啊？其实买的就是一棵樱桃树。

在营销过程中，营销人员营销的每个产品以及遇到的每一个客户，心中都有一棵樱桃树。而营销人员需要做的最重要的工作就是在最短的时间内找出那棵樱桃树在哪儿，然后将所有的注意力放在推销那棵樱桃树上，那么客户自然就会减少许多抗拒，最终欣然买下。

回到情景案例中，何经理在营销前已经做了调查和分析，所以他牢牢地抓住了“遗产继承”这个话题，并将其深入孙太太的心里，这就是孙太太心中的樱桃树。难能可贵的是，何经理采用了讲故事的方式娓娓道来，不仅让孙太太接受了保险对遗产继承是否能够实现有着举足轻重的作用，还树立了自己专业资深的职业形象，这为今后孙太太买保险做了充足的铺垫。

◌ 利益点——产品可以做什么

利益点就是产品可以帮助客户做什么。

利益点是客户最终成交的最直接理由，强需求必定带来强利益。客户可能不关心产品是什么，但必定关心产品能给自己带来什么。有一个童话故事：

一只饿得饥肠辘辘的猫一摇三晃地走在马路上，它是闻着猫粮店的香味过来的。它瘦骨嶙峋的身体随时都有可能倒下。这一切被一个好心的太太看到了，她拿了一张崭新的100元人民币，走到这只猫前面说：“小猫，看你饿成这个样子了，我给你100元钱吧！”结果这只猫连看都不看。为什么？猫怎么可能会认得人民币呢？它只想吃条鱼，旁边一位绅士看了一眼说：“猫小姐，拿着钱吧，它可以购买任何东西。”猫愣了一下，也许是太饥饿了，没有反应过来，它还是没有任何动静。这时候一个小男孩说话了：“小猫，这张钞票可以买到100条小鱼，够你大吃三天，快点拿着去前面的猫粮店换吧！”这时，猫眼睛闪着光，向那100元钱扑了过去。

猫压根儿就不关心钱是什么，能够让自己大吃三天才是最重要的。消费者何尝不是这样呢？产品是什么不重要，能给自己带来什么，这才是最关键的。

如果说情景案例中孙太太的兴趣点是遗产继承，那么利益点就是保险如何帮助孙太太顺利继承先生的遗产，比如避税避债、避免争议、快速兑现，这些都是客户真正关注的要点。

◌ 支撑点——如何证明利益点的真实性

支撑点就是如何证明利益点的真实性。

客户对利益点产生兴趣后，就会引发一个质疑："营销人员说的这些是真的吗？"所以，打消客户的疑虑就变得非常重要。如何寻找支撑点？可以借用产品说明书、专家权威证言、营销数据、知名人物的社会评价等。这些支撑点可以给客户带来安全感、权威感、信任感。只有把客户的兴趣提升到信任，把信任提升到深信不疑时，客户才会做出购买行为。比如，客户问你："你们行的网银安全吗？"A回答："安全，很安全，您放心。"B回答："我们行的网银从2002年投入使用以来，到今天客户已经达到3亿多，每天的交易笔数上千万元，到今天已有近20年了，还没有出现过一起风险事故，您看是不是很安全呢？"

请思考一下，哪种回答更能够打动客户？显然是第二种。所以，产品的支撑点必不可少。任何观点如果缺少了事实的支撑，那么听起来就会让人感觉虚无缥缈，有了事实才能够打动客户。什么是事实？数据、细节、证据是构成事实的三大核心要素。

◌ 差异点——在我这里成交有什么独特之处

差异点就是独特之处，与众不同的特点。记得去年在南宁的时候，GD 银行的一个员工和我说道：“殷老师，我们前段时间推出了一款信用卡，可以 10 元看电影，平时在南宁一张电影票便宜的也要六七十元，这张卡推出来之后销售得非常好。只是好景不长，没多久就被 ZX 银行跟风了，他们也推出了一款观影信用卡，更令人感到讨厌的是他们 9 元看电影。虽然只比我们便宜了 1 元钱，但以后再向客户推荐的时候，客户就对我们爱答不理的，谁让我们比人家贵呢！殷老师，我该怎么办呢？”猛一听到这个问题，我也不知道该如何回答，就实事求是地对他说：“我也不知道如何解答这个问题。但是任何产品有利就有弊，我们先一起研究研究他们的信用卡吧。”

表面上看用 ZX 信用卡购买电影票是便宜了 1 元钱，但他们的信用卡有一个限制：每个月必须消费 200 元才可以获得优惠！这下子 GD 银行就有话说了：“虽然用 ZX 信用卡能便宜 1 元钱，但您看，如果某一个月您没有用 ZX 信用卡消费，或者消费不到 200 元，结果您兴高采烈地带着女朋友去看电影，到了刷卡的时候才发现没有 9 元观影的资格，必须用原价 80 元购票。此时，您是把女朋友丢在影院，自己跑出去刷 200 元再跑回来呢，还是掏出 160 元看电影呢？这多不方便呀！如果用我们的信用卡，就算您一个月看 4 次电影，也才多花了 4 元，一年还不到 50 元。但如果用 ZX 的信用卡，遗忘一次，三年的票钱都省不出来，您说是不是？还是办我们的信用卡安心一点儿，无论您是否消费，都可以 10 元看电影。”

在银行产品同质化的今天，产品与产品之间好像没什么不同：你有金条，我也有；你是四个“9”，我也是；你有定投，我也有；你是 100 元起步，我也是。这就如同鸡蛋，猛一看，每一个鸡蛋都像是一个模子里做出来的。有人说：“你永远找不出两片相同的树叶。”我在这里借此延伸一下：“你永远找不出两个相同的鸡蛋。”孪生兄弟还有差异点呢，我就不信产品之间没有差异点。同样是四个“9”的金条，有的是韩美林大师设计，有的是国家工艺美术学院设计，有的是瑞士美泰乐设计，这些差别是不是都可以作为吸引客户的差异点呢？同样是定投，基金公司和基金经理就各不相同，而且有的投资能源，有的投资装备，有的投资交通，这是不是也会成为差异点呢？

在情景案例中，何经理用到的差异点是人，是她自己。毕竟营销保险的机构太多了，而且自己银行的产品未必有很明显的优势，“如果产品同质化就比服务，如果服务同质化就比情感”。何经理塑造了自己守口如瓶的职业形象，并且拉近了与客户的关系，还告诉客户如果在不熟悉的人那里购买会产生风险，这为客户今后在自己这里购买保险做足了铺垫。

……… 要点回顾 ………

兴趣点——客户关注什么？

利益点——产品可以做什么？

支撑点——如何证明利益点的真实性？

差异点——在我这里成交有什么独特之处？

第五章 交易促成：找准客户拒绝理由，对症下药

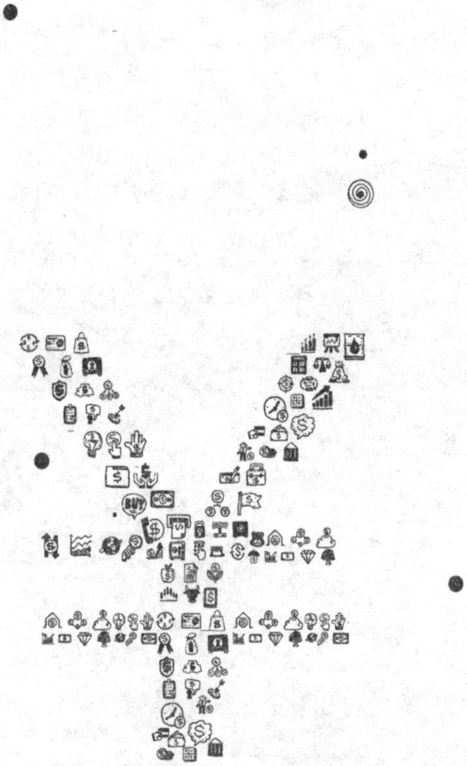

在《墨子》中有一句话:“甘瓜苦蒂,天下物无全美。”可见,十全十美只存在于理想之中,在现实世界中很难找寻。既然是这样,无论你的产品或服务有多完美,都众口难调,总会有人感到不满意,会对产品或服务产生怀疑或拒绝。对于这些,我们可以理解为“异议”。

我和营销人员聊天时问:“你最怕听到的三句话是什么?”问得人多了,发现这些人的回答不约而同地落在“我没钱”“我没时间”“我没兴趣”这三个问题上。这是营销人员在营销过程中出现频率较高的“拒绝”。

“异议”和“拒绝”在多数营销人员心里,如同一片挥之不去的阴云,唯恐避之不及。佛学中要人放下“我执”,为什么呢?若心里有执着的存在,就很难看到事物的两面性,若没有辩证思维,就会迷失在暂时的痛苦与快乐之中。若想成为顶尖的营销人员,就需要修炼到“无住生心”的境界,无论赞美还是讥讽,无论成交还是拒绝,都需要做到“八风吹不动,端坐紫金莲”。有句话说:“再严重的痛苦,过了十年也许就没有痛苦;再惊喜的快乐,过了一年也许就没有快乐。”同理,再强硬的拒绝,过了十年也许就不会拒绝;再爽快的成交,过了一年也许就不会在你这里成交。面对客户的拒绝,淡然处之,今天的拒绝不代表明天的拒绝,跨越时空来看待问题,也许你会豁然开朗。

面对拒绝，站在客户的立场来思考是一种有效的思维方式。假设你去买衣服，到服装店逛了一圈，没一件是你喜欢的。正当你准备离开的时候，卖服装的小妹走了过来，问你她们的衣服风格怎么样，你会如何回答？估计多数人的回答是：“挺不错的，回头再过来看看。”而暗中看上了那件橙色上衣的客户则会说：“这件衣服的风格好像和我不太搭配吧！”为什么会出现这种情况呢？因为不准备买的人，没必要挑三拣四、制造不愉快；而只有想买的人，才会提出质疑，找找毛病。因为这样做，客户不仅希望来印证自己的眼光，更希望增加讨价还价的筹码。

在银行的营销过程中，最难伺候的客户并不是挑剔产品或服务的人，而是那种介绍任何产品都回答“好，好，好，挺不错的，今天有点儿赶时间，下次我一定找你买”的人。对营销人员来说，“异议”并非绝对的坏事，反而是客户内心真实感受的表达。知己知彼，方能百战百胜。在客户提出“异议”时，控制自己的情绪，竖起自己的耳朵，认真聆听，请牢记，“嫌货才是买货人！”

也许有人会问：“就算我从内心接受了这些观点，那么客户讲完异议后，我也不能只对着客户傻笑吧？我该做些什么呢？”“兵来将挡，水来土掩”，接下来就探讨一下如何处理客户的异议以达成交易。

揭开拒绝的面纱

情景案例

网银营销如何找到拒绝源点

大堂中坐满了等候的客户，炎热的天气，让人们多了几分焦躁，不时有人踱来踱去，瞄一下柜台里的柜员，这一切都没逃过大堂经理韩丽的眼睛。虽然做大堂经理不久，但她已经可以捕捉到等候客户的不安情绪了。

她正准备走向等候区，旁边就走过来一个老大爷，问道："你们银行办业务怎么这么慢呀？还要等多久呀？"老大爷的言语中透露着不耐烦的味道。韩丽不慌不忙地解释道："很抱歉，这会儿正是高峰期，让您久等了！"老大爷说："我都等了快半小时了，你们就不能快点吗？"韩丽微笑着问道："您要办什么业务呢？"老大爷回答道："开户！"韩丽仍然不紧不慢地说："办理开户，其实您不用排队等候的。"

老大爷说："不用排队，你怎么不早说呢？"韩丽说道："您拿着身份证来我们的自助机上，按照上面提示的操作流程，根本不需要排队。"老大爷问道："容易操作吗？"韩丽轻松地说："很简单，只需要点几下提示键就可以了。"

谁知道说完后，老大爷连连摇头说：“不办，不办！我就喜欢在这排队开户。”刚才还挺感兴趣的，一下子就不愿意办了，这是怎么了？韩丽有点儿迷惑地说：“来网点排队多麻烦呀，自助机上开户一点儿都不复杂，谁都可以学会的。”她越这样说，老大爷反而越排斥，阴着脸说：“没事，我有的是时间，我就愿意在这排队。”

韩丽作为大堂经理，服务意识挺强，只不过营销技巧还欠点儿火候，面对老大爷的拒绝，她反复强调自助机开户的好，希望借此能帮助老大爷在自助机上开户，谁知道她越介绍反而越是被老大爷拒绝了。

这时，一直站在旁边的理财经理开口了：“您来我们行开户是基于对我们银行的信任，只不过这么热的天，虽然银行有空调，路上也难受呀。如果不是急事，谁愿意大热天跑出来，您说是吧？一看您就特别年轻，一定会玩手机微信吧？”老大爷听他说着亲热的话语，戒备心也放了下来：“会呀。”

理财经理说：“刚才看您对不排队还挺有兴趣，后来您又不感冒了，是不是担心安全问题呢？”老大爷憨憨地笑笑说：“我就这点养老金，就是怕不安全。”理财经理接着说：“首先，我们需要用的是您的身份证开户，全部流程都需要您本人操作，并且很多流程中都会用到您本人的手机号验证码，并且，开户也需要您自己设置密码，就算别人拿了您的身份证，但不是您本人也操作不了。并且还需要手机号验证码、银行密码，等于给我们的银行账户设置了多个防盗系统，您说这能不安全吗？”

老大爷听完后问："有你说得这么安全吗？"理财经理接着说："不瞒您说，我们银行是国内最早使用自助机办理银行开户等一系列自助服务的。现在已经好几年了，这么多年客户都没有遭遇过资金安全问题，因为我们作为国有银行，有实力选购最先进、最安全的设备来保障客户的资金安全，所以，经过这么多的见证，您就放心吧！"

看到老大爷没有讲话，理财经理领着他来到自助机这里说："您现在就不用排队了，直接在这台机器上就能开户，而且您还可以绑定手机微信、支付宝，网上购物价格超便宜。"

在进行案例分析之前，先讲一个笑话。

一天，饲养员准备给袋鼠喂食物，结果发现袋鼠不见了，原来它跑出笼了，到了梅花鹿那里，隔着铁栏杆幽会呢。饲养员赶紧把它抓回来，这还了得，要是把它弄丢了可赔不起。于是，饲养员把笼子由10米加高到了20米。完工后，饲养员心里暗自得意："小样儿，看你还能跑得出去不？"第二天上班，饲养员发现袋鼠又不见了。这次袋鼠也没有跑太远，正在花园里吃东西。袋鼠又被抓了回来。饲养员真的怕了，这可是越跑越远呀！他一咬牙，把笼子由20米加高到了50米。完工后又暗自得意一番，心想："嘿嘿，这下，就算你吃了兴奋剂，估计也跑不出来了！"第三天，饲养员早早地来到动物园，想看看那只可怜的袋鼠。谁知道，袋鼠又不见了，这一次袋鼠跑到马路上了，经过一番围追堵截才将袋鼠抓住了，袋鼠又被抓进笼子里了。

饲养员恶狠狠地对袋鼠大发脾气，说：“这么高，你是怎么跳出去的？”袋鼠说：“我哪能跳这么高呀？因为每次你都忘了锁门！”

初入江湖的营销人员最害怕遭到客户拒绝，但越是担心，就越容易遇到。这个现象用“墨菲定律”来解释，就是往往越担心什么，就越会遭遇什么。这里，和各位分享的就是别做上文笑话中的饲养员。

遇到拒绝时，首先要知道客户为什么会拒绝，而不是无言以对或者盲听盲从。营销绝非口才的展示，而是智慧的博弈，客户说的原因未必是真实的原因，客户没有说原因也未必就真的没有原因。营销高手善于察言观色，能够从客户的言行中找到客户拒绝的根源，下面我们一起来揭开拒绝的面纱。

◌ 客户拒绝的类型

假拒绝

并非所有的拒绝都代表着实实在在的拒绝，多数拒绝是在敷衍和推脱，千万不要把客户的推辞当真。客户的绝大多数推脱之辞都如同烟雾弹一般，如果不明就里，最终失败时都不知道问题到底出在什么地方。客户为什么会这样做？后面会有详细的分析。

真拒绝

在营销高手运用手段的推动下，推脱的客户最终会道出真实原因，也许是自己的资金实力不够，也许是自己在家里说了不算，也许是别家产品收益比较高，也许是……请切记，处理拒绝时，唯有找到了真实的原因，才能彻底避免“袋鼠再次跑出笼子”。

诈拒绝

“兵不厌诈”，诈拒绝是“老油条”客户经常使用的伎俩。不管对产品多有兴趣，他们都不会欣然接受，而是会对其百般挑剔，打击营销人员的自信，他们这样做并非不想成交，而是为了获得交换的筹码，哪怕最后得到个小礼物，也会有一种很爽的感觉。

◌ 客户产生拒绝的三大原因

客户方面导致拒绝的原因

惯性排斥

生硬地推销往往会招致客户心理上的反感，就如同人们听到保险公司的电话总是习惯性地将其挂掉一样。无论多好的产品，都很难让客户抽出哪怕两分钟的时间来倾听，这并非产品不好，而是营销人员运用不正确的方式导致的。所以，遇到惯性拒绝不要气馁，不要把矛盾点纠结在产品上，更不要将矛盾点放在客户身上，而是要从自己身上找问题。

风险忧患

金融产品最容易让客户产生的疑问是：“这种产品风险大吗？”每个人表达内心想法的方式是不一样的，并非每个客户都会直接坦言内心的真实感受。有人可能会直接提出质疑，有人可能会提出各种各样的借口。情景案例中，客户担心的是银行自助机上的开户安全问题，方便是一把双刃剑，为自己带来方便的同时，也可能会埋下安全隐患。同理，人民币理财难道就没有风险吗？这是众多客户内心产生拒绝的关键原因之一。

议价筹码

历史上不缺乏兵不厌诈的案例，客户中不缺乏老谋深算的“老江湖”。无论他们希望从你这里得到什么，即使是一个不太值钱的小礼品，都有可能通过挑剔的方式来获得额外的增值服务。有些女生买衣服惯用此招，挑剔线头太多、款式落伍等，也许不等她开口讲价格，老板就主动让价了。针对这样的客户，尽管营销人员已经竭尽全力地让客户感觉到这是底线了，即使可以给她送礼品，其成交过程也是一波三折的。

缺少魄力

魄力与性别无关，即使是男人，有时候也会犹豫不决、瞻前顾后，这在选购金融产品方面属于正常现象。毕竟钱不是万能的，但没有钱是万万不能的。谁都不希望自己做出错误的决定，导致经济损失。面对缺少魄力的客户，营销人员一定要用自己的坚定和自信来影响客户，让他感到这个产品的价值是毋庸置疑的。如果营销人员自己对产品都没信心，那么客户会更没有信心的。

缺乏实力

在以貌取人的世界中，难免会有外表光鲜而囊中羞涩的人；而在金融行业中，难免会有嫌贫爱富的偏好。如果营销人员找的客户是外表看似有钱、实则实力欠佳的客户，那么不妨采取以退为进的应对方式。例如，从黄金转为基金，从基金转为定投，从定投转为网银，尽量争取每一次都能成交。

精挑细选

精明的客户是不会轻易出手的，即使买瓶酱油都希望能够货比三家，更何况买金融产品呢？他们一般会权衡利弊得失，锁定了性价比最高的产品之后再出手。针对这样的客户，如果营销人员拿出周边银行同类产品的精准数据，进行有理有据的比较和分析，让客户感到这种产品的性价比很高，也许能让客户下定成交的决心。

营销人员方面导致拒绝的原因

品行操守

建立信任需要很长时间，而失去信任只需要一瞬间。谁都不愿意和言而无信的人交往，客户也不例外。客户之所以选择在你这里购买金融产品，不仅仅是因为产品本身，更多的是因为你这个人，这就涉及品行操守问题。营销高手深知：客户信任你，才会买你推销的产品。善良正直、诚实守信的品行操守会让客户对你产生信任或依赖，即使他行产品比你行有优势，恐怕也很难舍你而去。中国的社会是一个先有交情后有交易的社会。人人都希望与熟人打交道，与值得信任的品行操守好的人做生意。

职业形象

“相由心生”，“相”不仅仅指面相，广义的理解为包罗万“相”。你的神态表情、衣着打扮、言谈举止、精神状态都可能在不经意间出卖你，这就涉及你的职业形象问题。试想，如果与客户沟通时，你跷着二郎腿，还抖着脚，客户会信任你吗？或者男职员留着长长的头发，一只耳朵上还戴着耳钉，客户会愿意购买你的产品吗？抑或是穿着袖口黑黑的衬衣，卷着裤腿，还露出里面的秋裤，客户会对你产生好感吗？任何行业都有自己的行业特色，金融从业者要向客户传递出职业、专业、敬业的信息和风格。

专业水平

作为金融从业者，你如果能够熟悉本行业的政策、产品、原理、数据，对客户想要了解的内容能够做到脱口而出，对数据掌握得一清二楚，客户就会对你刮目相看。在金融行业中，如果没有一定的学习力，不是裹足不前，就是被淘汰出局。因为变化太快了，经济变则政策变，政策变则产品变，产品变则渠道变，渠道变则知识变，这个世界唯一不变的就是变化。在瞬息万变的环境中，“一杯茶一包烟，一张报纸看一天”的安逸环境已经成为历史了。

为什么那些考了 CFP 的专家中也有部分营销能力不是很强？原因有很多，这里只介绍一个方面。有些人不学习还好，学习之后感觉自己脱胎换骨了，满口专业术语。在银行做投资的客户多数不是投资高手，甚至对基础的金融知识都知之甚少。如果营销人员运用的专业术语太多，令客户充满疑惑，那么客户愿意傻乎乎地说“你说的我怎么都不懂”吗？他只会说：“好，我考虑一下吧！”然后，就再也见不到他了。

服务精神

服务营销的概念提了好多年，但到今天，银行依然缺少服务营销的精神，多数还是赤裸裸地营销，甚至是推销！服务是营销的关键基础，客户只有对服务满意了，才会放心地和营销人员接触，开诚布公地交流，才会心甘情愿地购买产品。营销任何产品的目的都不是完成任务，而是解决客户的难题。营销是一门技术，更是一项良心事业，营销人员除了要做好营销的本职工作之外，更要做好服务，为客户提供优质的金融服务。

产品方面导致拒绝的原因

收益过低

尽管银行业产品同质化现象普遍存在，但不可否认，收益方面会存在或多或少的差异。当产品不具备收益优势的时候，营销人员遭到客户的拒绝也在情理之中。面对这种情况，营销人员该如何应对？沃尔玛和家乐福都宣传自己的货物价格最低，但经过认真观察，我发现并不尽然。个别产品确实价格低，但不可避免地会出现部分产品价格高出同行价格的情况。所以要清楚地知道自己的产品与同业比较，哪个有优势，哪个有劣势，用己之长攻人之短。另外，产品的收益低于同行，也许只是暂时的，下一期也许会高于同行，要为今后的营销留个机会。

费用过高

有些产品的费用高于同行，被精明的客户发现后该如何应对？仅仅靠“大忽悠”恐怕是难以搞定了。如果是事实，那就要肯定客户的敏锐，同时考虑有没有办法去弥补、缓和，堤内损失堤外补。比如，有没有沙龙，有没有旅游，有没有礼品，通过这些增值服务来留下客户也不是没有可能的。

风险过大

有的客户是激进型，有的客户是保守型。让一个谨小慎微的客户购买风险大的产品，不仅交易难以促成，也是不负责任的行为。当客户将矛盾点集中在风险上的时候，不要气馁，更不要轻易放弃，可以换一种产品试试看。同样都是基金，有股票型、指数型、债券型、混合型，这些产品的风险不一，可以给不同类型的客户推荐不同的产品，套用某银行的一句宣传语——“因你而变”！

口碑过差

提起口碑差的产品，多数人首先想到的是保险，这是个让人头疼的产品，只要说到保险，客户就不给营销人员介绍的机会了。那就尝试下不提保险，用讲故事的方式，把某人遇到突发事件后，如何通过保险来保障了家人的生活，像聊天一样娓娓道来。这样一来，即使客户不接受你,也仍留有余地。在金融行业,要换种思路做营销，营销人员卖的不仅是产品，更是观点与思想。这样，会给客户一种豁然开朗的感觉。

失败并不可怕，可怕的是不知道为何失败。只有知道原因，才能抽丝剥茧地破解拒绝，这是处理客户拒绝的第一步。如果能够辨别出客户拒绝的真假，能够知道客户拒绝产生的根源，就可以有的放矢地运用拒绝处理的技巧。

要点回顾

客户拒绝的类型

· 假拒绝

· 真拒绝

· 诈拒绝

客户产生拒绝的三大原因

· 客户方面导致拒绝的原因

- 营销人员方面导致拒绝的原因
- 产品方面导致拒绝的原因

拒绝处理五大错

情景案例

货币基金的辩论赛

理财经理的办公桌前坐着一位怒气冲冲的老年客户，理财经理也表现出一副气呼呼的样子，究竟发生了什么事？这要从货币基金说起。这位客户不是别人，正是仪表厂的总工程师严大叔。作为技术权威，他收入不菲，经常来网点办理业务，是理财经理的老客户了。他为人热情，但严谨正直，喜欢直来直去。理财经理秦云飞虽然年龄不大，但已经是 CFP 了，他说不上恃才自傲，可也是比较自负的一个人。

今天严大叔来银行办业务，办完业务后被秦云飞请到了理财室喝茶，两个人谈笑风生。看严大叔心情挺好，秦云飞顺势介绍了最近银行刚发行的一款货币基金。谁知道刚说完，严大叔的脸色立马就“晴转多云”了，他不高兴地说：“去年我在你们银行里购买了基金，当时你们承诺收益有 5.5 个百分点，结果今年连本金都亏损了，基金都是骗人的，不买！”

秦云飞已经不是第一次听到这样的话了，最近很多客户都抱怨去年的一款债券基金收益低。当时基金公司承诺 5.5 个百分点的收益是肯定没问题的，结果今年出现了亏损，这话说给别人听，也许笑一笑就过去了，可偏偏遇上了秦云飞，他可是个较真的人。他说："严先生，您理解得不完全对，基金不是骗人的，它有很多种类，您去年买的是债券基金，而我今天向您推荐的是货币基金。货币基金投放的是协议存款，还没有出现过亏损的情况。"

严大叔说："这样的话我不是第一次听了，去年你们也是这样说的，说基金的收益肯定有保障，结果还是亏了，我是不信基金了！反正这不是什么好东西！"

秦云飞说："您不了解货币基金，您去年买的是债券基金，这两个是不能混为一谈的。根据中国证监会对基金类别的分类标准，债券基金就是基金资产80%以上投资于债券，投资对象主要是国债、金融债和企业债。当债券下跌时，债券基金也会出现阶段性波动，这种情况是很少见的。而货币基金就不一样了，货币基金简称MMF，是指投资于货币市场上短期有价证券的一种投资基金，时间在1年以内。该基金资产主要投资于短期货币工具，如国库券、商业票据、银行定期存单、政府短期债券、企业债券等短期有价证券。货币基金不是债券基金，它是不会出现亏损的！"秦云飞说的这些都没错，只不过他说得越起劲儿，严大叔越反感，最后说了句"反正我就是不相信基金"，转身离去，一场营销以不欢而散的结果宣告结束。

营销少不了拒绝，就如同天空少不了乌云、大海少不了波浪一样。拒绝看似令人厌恶和头疼，然而这恰恰是打开客户心扉的敲门砖，因为透过拒绝，往往能够探寻到客户内心真实的感受。一味地认同和夸奖产品的客户，通常是对产品没有丝毫兴趣的人。也许有人会问："那为什么他还会夸奖呢？"因为客户既然不想买，就没必要去打击营销人员。所以，面对客户的拒绝，心怀怨恨的态度是不可取的，用感恩的心态与睿智的想法巧用拒绝来达成交易是一个不错的选择。然而在现实中，高手毕竟是少数。面对拒绝，多数营销人员经常会出现五大错误。

◌ 第一错：气馁

内心懦弱的营销人员在拒绝面前不堪一击，客户的一句"没兴趣"就可能让他偃旗息鼓。一帆风顺的故事多数出现在童话中，现实中的营销工作是心智与专业的博弈，内心强大的人不一定都是营销高手，但营销高手必定是内心强大的人。强大不在于外在表现，而在于内心的强大，在于面对拒绝时的淡定与洒脱。我曾经问过一位出色的营销人员，在面对客户说"没兴趣"的时候，他的内心感受是怎么样的。他的回答是："客户说没兴趣是因为不了解，这么好的产品，了解了之后必定有兴趣。"一瞬间，他透过言语与表情表现出来的那份自信深深地感染了我，令我忘记了他的产品收益比不上对面的那家银行高的事实。

◌ 第二错：争论

有没有见过把营销做成辩论赛的？较真的客户遇到了执着

的理财经理；专家遇到了 CFP，双方各执一词，展开唇枪舌剑。小时候读书的时候，老师告诉我们："理越辩越明"。长大后才发现，这句话并不完全正确，与客户辩论，无论胜负，营销人员最终都是输家，世上没有绝对的对与错和是与非。世人对世界的认识过程如同盲人摸象，营销人员对金融及产品的了解不外如是。站在不同角度会看到不同的景象，而固守自己的论点无异于是一种顽固的执着，而唯有破除执着，才能够看到事物的两面性，才能生发出大智慧。在营销过程中，放下执着，放下我见，认真聆听不同的观点，包容接纳，让不同的观点为我所有，才是高手所为。

◌ 第三错：嘲讽

营销过程中，客户可能会提出各种各样令人难以理解的问题或观点。作为对金融及产品了如指掌的营销人员，你也许会想：他怎么能问出这么蠢的问题呢？或者是：这个问题实在是太可笑了！内心有这样的想法已经是错误，如果表现出来那更是错上加错。尽管有些营销人员可以克制自己的话语，但眼神中、语气中、肢体上所传递出来的信息还是能够让敏感的客户感受到你的不屑。相由心生，即使使用再高明的掩饰手法，也会在不经意间出卖自己内心的真实想法，而唯有发自内心的感恩与包容，才能向客户传递你的真诚。这恰恰是成交的关键。

◌ 第四错：夸大

金融业没有绝对安全，定期存款也不是100%没有风险，银行破产已经不再是天方夜谭。面对谨慎和较真的客户，营销人员任何夸大的行为都有可能为今后埋下隐患。由于营销人员对产品收益做出了盲目承诺，导致被客户堵在网点的事情时有发生。尽管这可能是第三方公司的原因，但无论如何，客户最后要找的还是银行。金融从业者要秉承谨慎客观的职业态度，尤其是涉及风险、收益等关键矛盾点，一定要慎之又慎。当然，可以讲一下以往的收益情况供客户参考，但别让客户抓住你的“小辫子”。

◌ 第五错：揭露

一位柜员正在向客户介绍人民币理财，还没说几句，就被客户一句“我没钱”打断了，没想到这位柜员竟然不假思索地接了一句：“你账户里明明有8万元，怎么会没钱？”这样谈话的结果会如何？这8万元很快就不会在这个账户里了，这还是脾气好的客户。遇到不好说话的，你的麻烦就大了。因为爆出客户的余额，已经令客户心怀不满了，加之态度不好，更是伤害了客户的面子。与客户在一起，无论客户的拒绝是真是假，都不要轻易揭穿，而是要顺势而为，寻找合适的切入点。中国社会是一个“面子社会”，人敬我一尺，我敬人一丈，相信成熟的理财经理深谙此道。

要点回顾

第一错：气馁

第二错：争论

第三错：嘲讽

第四错：夸大

第五错：揭露

分辨真假异议

情景案例

破解客户常用语“我没时间”的死穴

彭经理拿着电话，却迟迟没有拨号。这已经是第三次给吕总打电话了，前两次都被对方以没时间为由匆匆挂断，这一次会不会是相同的结局呢？尽管彭经理内心有些忐忑，但他深知，如果这次还和以前一样，吕总匆匆就挂了电话，形成了固定的态势，恐怕今后就很难扳回局面了。所以，这次电话一定要有所突破，虽然还没有想好具体的应对方式，但从彭经理坚定的眼神中，能够看出他已经有了办法。

电话响了不到三声，就接通了，话筒里传来不温不火的声音：“哪位？”彭经理赶忙说：“吕总，您好，我是XX银行的小彭，已经给您打过两次电话了，也算是您的熟人了吧。”“噢，小彭，有什么事情吗？”“吕总，久仰您的大名，却一直和您都是通过电话沟通，我想抽空拜访一下您……”还没等彭经理说完，吕总就开口了：“小彭，我最近挺忙的，没有时间，回头有时间了打电话给你，你看好不好？”虽然这句话早在彭经理的预料之中，但还是让他感觉有点儿失落。

优秀的营销人员共同的特质是他们均有超强的情绪控制能力，彭经理也不例外。不到两秒钟，他就恢复了常态，且看他是如何出招的："吕总，您管理600人的企业肯定时间很紧。不瞒您说，这是第三次给您打电话，不知道您还有没有印象呢？第一次是4月19日，是一个周五下午；第二次是5月11日，还是一个周五；而今天也是一个周五。也许您不知道，这三次时间都是我精心挑选的，希望能够与您交流，但是每次您都说没有时间，匆匆挂了电话。吕总，我刚刚从事营销工作，也许有些地方做得不到位，但三次都被您拒绝了，我真的不知道该如何做才能够与您有次当面沟通的机会。吕总，您觉得我的服务有什么不对的地方呢？"

彭经理说完后，电话中出现了短暂的寂静。彭经理的一番肺腑之言让吕总一时间好像不知道该如何回答了。过了几秒钟，吕总开口了，他说："小彭，每次你打电话，做得还是挺好的，我没什么不满意的地方。"彭经理说："既然是这样，您为什么就不愿意见一面呢？哪怕您只给我十分钟的时间也好，毕竟您是我的大客户，且不说能不能和您有更多的合作，如果连您的面都不能见一次，领导会感觉我的工作能力实在太差了。吕总，您能告诉我到底是什么原因让您一直拒绝我吗？"

吕总终于说出了心里话："其实，虽然没和你见面，但这几次电话能感觉到你是个挺用心的人。不想见面是不想浪费你的时间，因为我和GS银行合作得挺好的，你也知道，毕竟那是个大行，对我的融资也有很多帮助。"

话说到这里，底气不足的营销人员可能会产生放弃的想法，彭经理会怎么做呢？“知己知彼，百战不殆”，彭经理关注吕总多时，也搜集了不少与吕总相关的信息，这会儿就派上用场了。彭经理问道：“谢谢您能讲出心里话，我理解您的想法，只是我也有希望与您见面的理由。您的孩子在澳大利亚读书吧？您也经常在国外出差，我们银行在境外28个国家有643家网点，能够提供紧急借支服务。不管是您还是您孩子，如果卡或钱包丢了的话，都可以到我们的网点拿到现金，这对您和您孩子来说，是不是多了一道保险呢？”沉默了几秒钟后，吕总说：“这样吧，明天上午你过来一趟吧！”

非专业营销人员在面对拒绝的时候往往会手足无措，专业营销人员却可以扭转乾坤，彭经理属于第二种。营销中遇到异议是再正常不过的事情，不少营销人员面对异议六神无主，对异议充满了恐慌。那么客户的异议一定是拒绝吗？显然不一定。客户异议指的是在营销过程中，客户对营销人员的不赞同、提出质疑或者是拒绝。那如何处理客户的异议呢？专业营销人员会采取三大步骤，就是“一辩二化三促成”，即分辨真假异议，化解异议，交易促成。

导致客户产生异议的原因也许有很多种，对营销而言，好用才是王道。为了更好地归纳解决途径，我把异议分为三种类型：第一种是假异议，第二种是真异议，第三种是诈异议。

◌ 异议的三种类型

假异议

回忆一下，营销人员最不喜欢听的话语是什么？“我没有时间”“我没钱”“我没有兴趣”……面对这些话语，请思考一个问题：这些话是真实的意思表达吗？多数人会说，这不是在敷衍我们吗！没错，这些敷衍我们的托词，多数来自潜意识，就是假异议。这是营销人员遭遇最多的异议类型。面对这样的异议，该如何处理呢？打个比方：假如面对你暗恋已久的女生，你终于有机会向她表白了，说出一番发自肺腑的话之后，你捧出了99朵玫瑰花，女生羞涩地低着头说：“不要这样嘛！”听到这样的假异议，你会立马逃之夭夭吗？很明显，女生这是假拒绝。但如果她是这样说的：“其实你真的是个挺好的人，无论相貌还是品行都没得挑，只是我一直把你当哥……”后面的话就不用听了，你肯定没戏了！因为这是真拒绝，而非假异议。不要把客户所有的异议都当作拒绝，如果明白客户是假异议，不要轻易放弃，拿出点儿追女生的勇气和耐心。

真异议

真异议就是真实的异议，是客户内心拒绝的真实原因。这才是营销人员真正要解决的关键问题。举例说明：

A：我没有时间！

B：我们下午要开个营销会，每季度第一个月都会在周二下午开，上个月业绩下滑了5个百分点，今天要让他们检讨哪里出了问题。

有没有看出真假来？从这两个例子中，很容易看得出A是真异议。

诈异议

如果说假异议是潜意识的拒绝，那么诈异议就是来自显意识。

兵不厌诈，客户诈异议是有其目的的。也许目的千奇百怪，但在营销过程中，客户之所以提出诈异议，多数情况是为了得到议价筹码，也许是费用的折扣，也许是增值的服务等。这里暂且将这类客户归结为贪婪型，关于如何处理诈异议，后文会详细介绍。

◌ 寻真六大技巧

有哪些常见的假异议呢？“我没有时间！”“我不感兴趣！”“我没钱！”“我没需求！”“我不喜欢理财！”“你烦不烦！”……也许假异议会披上各种各样的外衣，但万变不离其宗，营销人员需要用耐心、幽默、真诚剥去这件假外套。唯有找到事实与真相，才能消除客户内心的疑虑。

那么如何处理这些假异议呢？**处理假异议的公式是“垫子＋反问”**。何谓垫子？冬天坐在地上难免会感到冰冷，有了垫子，感觉就会好很多。客户提出了异议，如果直接询问客户真实原因，难免尴尬。加上垫子，在彼此关系融洽的背景下，通过反问找到导致客户产生异议的真实原因，效果就会好很多。归结一句话就是：**以垫子为润滑，以反问为目的**。垫子并非一种形态存在，有说破垫子、示弱垫子、坦诚垫子、赞美垫子、换位垫子、自杀垫子，这些垫子如何使用，下面提供一些参考语术（见表 5-1）。由于客户形形色色，这些语术不敢保证能达到 100% 的成功率，但他山之石，可以攻玉，望各位营销人员能够举一反三，为己所用。

表 5-1　寻真六大技巧

异议	方法	参考语术
我没有兴趣	说破垫子	我和您一样，接触陌生事物时，普遍会有这样的想法。能够让您的资产增值 12 倍，如果您没有兴趣，那只能说明您对此还没有了解，了解后您会比我更有兴趣的。我还是给您介绍一下，您也给自己一个了解的机会
我没时间	示弱垫子	（电话邀约客户见面） 王总，这已经是第三次给您电话了。这三次打电话时间都是我精挑细选的，但即使是这样，您还是说没时间，恐怕您不是真的没时间，而是对我的服务有什么不满意的地方吧？王总您感觉我的服务怎么样呢？ （还不错）既然您能认可我，那您是不是可以给我个见面的机会呢？ （不好）现在能听到真话实在太难了，谢谢您的坦诚。每一个发现我缺点的人都是我的贵人，王总，您就是我的贵人，作为晚辈，我很希望能得到您的指点，我可以见面向您请教 5 分钟吗
我没钱	赞美垫子	（富人）您真会开玩笑，别人说没钱我还相信，您要说没钱，我就不信了，就看您的衣着打扮和气质，绝对是高富帅！王总，您是不是对产品没有信心还是别的什么原因才让您这样拒绝我呀？可以告诉我吗
		（普通工薪阶层）一看您就是个特别孝顺的人，往近了说，年底是不是还要回家孝敬爹妈？这不都需要钱吗？越是没钱的时候，越是需要学会存钱，如果自己存不下来，我可以给您介绍个帮您存钱的方式。这样就不用发愁春节的时候没办法孝敬爹妈了！您不愿意了解，可以把您的担心告诉我吗

（续上表）

异议	方法	参考语术
我不需要	坦诚垫子	现在赚钱越来越难了，谁能对让自己的资产增值12倍以上的方法没有需要呢？您之所以说不需要，也许是有一些我所不知道的顾虑。王先生，作为您专属的理财经理，我特别关注您，可以告诉我您的顾虑吗
你烦不烦	换位垫子	王总，您之所以感觉我烦，是因为我是XX银行的员工，我要是您的员工，这么努力地营销，不怕辛苦，不怕拒绝，您会不喜欢我吗？您不仅不会不喜欢我，还会表扬我，您说是不是？您安排个时间，我帮您培训员工，让他们也像我这样卖命地为您赚钱，您看好不好
	赞美垫子	王总，您的企业做得这么成功，听说您是白手起家，当初如果没有锲而不舍的精神，您的企业能做得这么优秀吗？我这是向您学习，沿着成功者的脚步一步一步向您靠拢，您说我会不喜欢吗？王总，作为和您一样渴望成功的人，相信还是有些共同话题的，我们还是安排时间见个面吧
喜欢挂断	自杀垫子	王总，您是个雷厉风行的人，如果我没有猜错，这个电话可能十秒钟就会被您挂断，您说是吗？（猜对了，我挂了！）您看既然我猜对了，是不是可以奖励我两分钟与您通话的机会呢？我是个与众不同的客户经理，能够想您所想，也会懂您所要！我们聊几分钟好吗

要点回顾

异议的三种类型

· 假异议　　· 真异议　　· 诈异议

寻真六大技巧

· 说破垫子　　· 示弱垫子　　· 赞美垫子

· 坦诚垫子　　· 换位垫子　　· 自杀垫子

化解异议

情景案例

如何解开理财收益低的死结

孙若熙是PF银行大堂经理，此时她正在接待一位浑身珠光宝气的中年富婆。“陆姐，好久没见您了，今儿这身衣服真好看，紫色的裙子看着有种神秘的气质！”陆姐听到这样的评价，高兴地说：“女儿给买的，我还没穿过这颜色的衣服呢，她说好看，我就穿穿试试。”“看来您女儿是继承了您的时尚范儿，挑得真好，这颜色若没有这种特殊的气质，也穿不出味道。”“小孙，你可真会说话。今儿人不多是吧？”“不多，陆姐，您办什么业务呀？”“我来取点钱。”“好嘞，柜台上还是有几个排队的，您准备取多少？”“取10万元。”“好，10万元应该没什么问题，我先给您取个号，等十几分钟就可以了。”

小孙帮助陆姐取了号之后，双手拿着号和卡递给了陆姐，她问道：“陆姐，10万元可不是小数呀，拿着出门还是有些不安全，也许我有办法让您带现金不需要担惊受怕。冒昧地问一下，您这钱是干什么用的呢？”“我准备去斜对面的XX城商行买他们的人民币理财。”“噢，陆姐，您可真有投资眼光，人民币理财是个好产品，比活期收益高多了。”“我这也是闲着没事，折腾一下理财，不指望能赚多少钱，打发个时间。”“陆姐，您看上的产品时间是多长的呀？”“40天的。”“收益不低吧？”“嗯，还不错，比你们高，他们是4.8%。”

小孙听到这里，心里在琢磨：怎么办？我们40天最高的产品收益只有4.6%，怎么挽留这个客户呢？“噢，那真的不错。陆姐，他们是什么时候起息呀？”“他们是4天后起息。”“啊，要4天呀，那他们绝对没我们的高。”“咋可能呢？你们是4.6%呀！”“没错，陆姐，您可真细心呀，我行这期的产品是后天起息，起息日前算活期您一定知道吧，来，我算给您看看好吗？”

小孙拿出了一支笔，在本子上开始算了起来。先算算对面XX商行的产品收益吧。

10万元，4天后起息，收益4.8%。

4天的活期收益：100000×0.0035÷365×4=3.83元。

40大理财收益：100000×0.048÷365×40=526.02元。

44天共计收益529.85元，日均收益12.04元。

我行的产品收益4.6%，1天的活期收益是0.96元。40天理财收益：100000×0.046÷365×40=504.10元。41天共计收益505.06元，日均受益12.31元。

看着小孙算出来的数字，陆姐心里已经明白了，原来理财产品不能光看收益高低，还得看起息日。陆姐对小孙说：“看来这理财产品的学问还真大，我刚入门，还是要不断学习呀！小孙，买理财除了看起息日外，还要注意什么，说给我听听！”

“陆姐，您的学习意识可真强，其实您已经很细心了。说到理财，除了收益高低、起息日以外，还需要看风险。人民币理财的风险在合同上面有注明，是保本还是非保本，是保收益还是浮动收益，这是风险的要点。据我的了解，不少银行的人民币理财是非保本浮动收益。陆姐，您知道吗？这里面隐藏的风险就大了！”

“人民币理财的往期收益不是挺稳定的吗？”“没错，陆姐，以往的收益很稳定。只是在金融市场上，任何事情都有可能发生。根据《巴塞尔协议》，如果写明了保本，需要交风险保证金，这就意味着对您是有保障的。如果协议上是非保本，一旦出现把您的本金赔得一塌糊涂的情况，您是没有权利起诉的，因为合同上注明了非保本。您看我行的合同，注明的是保本浮动收益，这对您资金的安全就是最好的保障。不管在任何时候，您的本金哪怕受到一毛钱的损失，我们都是要无条件赔偿给您的。您说，投资理财，收益固然很重要，但也就是几百元，这本金可是10万元呀！”小孙一边说，陆姐一边不住地点头。“小孙，以前感觉你服务挺好，没想到你在理财方面还挺专业，我有几个牌友也想买理财，回头推荐给你！”……

客户之所以产生异议，不愿意购买理财产品，必有其隐情。追寻真实的原因：也许是认为我行产品收益没他行高，也许是我行产品价格比他行高，也许是客户曾经在我行有过不愉快的经历或体验，等等。为便于处理，这里将其总结为两个方面，分别是理性分析与感性判断。

◌ 理性分析

理性分析与数据相关。例如，金条的价格比他行每克贵了十几元，人民币理财收益比不上别的银行，我行信用卡 10 元能看电影，而他行 9 元就能看电影，POS 机他行没有手续费，等等。这些与数据相关的拒绝都可以归纳为理性分析。客户由于理性分析而产生拒绝的情况可以说是形形色色，为便于总结处理，现挑出常见的三种类型提供破解之法，以供参考，分别是：第一种价格偏高，破解法为围魏救赵；第二种收益偏低，破解法为偷梁换柱；第三种产品硬伤，破解法为顺水推舟。

对价格偏高的产品采用“围魏救赵”策略

产品同质化是当今金融业的特征。既然产品雷同，出现价格战是不可避免的事情。比如实物金条，总会有价格高低之差，银行中不乏精明型客户，会在各个银行之间做价格比较。有的客户抱怨：“你们金条的价格比斜对面的银行贵了 ×× 元，我不买！”遇到这种看似无懈可击的异议，营销人员往往会感到束手无策。而我有一次在浙江某银行却见到一位理财经理，采用了“围魏救赵”的策略，竟然能够让精明的客户弃低选高，他是如何做到的呢？先看他们的对话过程。

客户：“你们的金条价格比对面的 PF 银行贵了十几元，我不买！”

理财经理：“您可真是个行家，看来您对这附近银行金条的价格比专业人士都清楚！没错，我们的金条是贵了一些，但您肯定知道一分钱一分货的道理，我们贵有贵的道理，您知道我们贵在哪里了吗？”

客户：“都是四个‘9’的金条，有什么差别呢？”

理财经理：“是的，都是四个‘9’没错，您既然购买黄金，不管是投资还是传承，甚至是馈赠，一定希望您买的金条今后有更多的增值空间吧？那您知道金条的增值空间是靠什么决定的吗？”

客户：“靠行情。”

理财经理：“没错，行情决定金价。在相同的行情下，各行的金条有没有可能出现增值空间高低不同的情况呢？金条能不能增值，要看三个方面。第一是黄金的品质。中国的金矿这么多，品质却良莠不齐，品质最好的在山东。比如同样是小马奔奔的挂坠，这一批的成色，无论是色泽还是做工都比上一批好很多，因为这一批的黄金产自山东招远的招金集团，这可是全国黄金最好的产区中最大的矿业公司，您对比一下就能够看出差异。第二条更关键，同样是毛笔字，有人写的一个字一万元都买不到，有人写的倒贴钱都没人要。为什么？关键是谁写的，这是很重要的。金条也一样，别看都是四个‘9’，关键要看是谁设计的。我们的金条是‘福娃之父’韩美林手书的，他可是设计界大腕，是清华大学美术学院教授，在杭州还有韩美林艺术馆，他手书的金条今后增值空间会不会高很多呢？您可以看看我们的证书。第三，我们的金条是锻造工艺，而对面银行的金条是传统的浇铸工艺，在美观性上有很大差别，浇铸的金条别说金条上面的字了，连图案都看不太清楚。都是青花瓷，不同的窑做出的作品在价格上却有天壤之别，我们的金条还是高浮雕工艺，图案不但清晰，而且更加立体、逼真，这会不会对今后的增值起到更关键的影响呢？不瞒您说，这金条上个月我卖了 40 条，这个月您看还没过几天，我都已经卖出去 12 条了，要不是我们经常断货，卖出去的可不止这点儿，您要是买金条，可要看好了！”

理财经理讲完后，客户虽然没有吱声，但眼睛已经开始盯着金条看了……

这个理财经理能够力挽狂澜，留下比价的客户，究竟有什么秘诀呢？在异议处理中，“围魏救赵”策略的核心就是避开自己产品的不利点，充分放大产品的价值点。那么，如何让客户感到优势所在呢？如何让客户信服呢？有六个字：“事实胜于雄辩”。我们平时的语术之所以没有说服力，那是因为观点太多，而事实太少，无法打动客户。营销中，若想影响客户，改变客户的决定，必须拿出事实，那么，什么是事实？一是数据，二是细节，三是证据。这三点在案例中都可以找到。

对收益过低的产品采用“偷梁换柱”策略

每当问学员感到最困惑的营销难题是什么时，多数人会说：“老师，我们的人民币理财收益低于他行，怎么办？”可令人费解的是，A 行说他们比不上 B 行，B 行说他们比不上 C 行，C 行说他们比不上 A 行，到底谁的产品收益高呢？没有永远的赢家，无论哪家的产品都不可能永远站在巅峰。即使是这样，如果面对同期产品，当自己产品的收益没有优势时，如何留住客户呢？这就需要参考“偷梁换柱”策略了。情景案例已经给出了一条解决的途径，当然了，条条道路通罗马，除此以外，也许还会有其他破解的方法，还可以通过“比、算、送”的策略来破解。

第一策略是“比”，即第一技巧、第二技巧和第三技巧。第一技巧比起息，就日均说事；第二技巧比风险，拿协议说事；第三技巧比频率，拿年总收益说事。

第二策略是“算”，即第四技巧算收益。计算客户能够多获得多少收益，但千万不要对客户说：“没多出多少钱，这都是小钱。”这样的话不应该出自职业的银行人之口，我们可以据此帮助客户分析投入产出比。收益高有产出，但需要投入什么呢？第一条是拿收益与成本做对比，来买理财是不是需要投入成本？开车一来一回，收益可能还没有那点儿油钱多；如果客户不在乎小钱，那就采用第二条将收益与时间做对比，来回路上加上等候的时间需要多久呢？如果第一次去新银行买理财，开户、风险协议、理财协议，做这三件事情是不是需要花费半个小时？是不是需要填写不少单据？第三条是拿收益与安全做对比。如果客户要转账，必然有手续费；如果取现金，则可能存在人身安全问题，得不偿失。

第三策略是“送”，即第五技巧和第六技巧。第五技巧有礼品送礼品，送礼品要有一定的技巧。银行里面杯子最多，送给客户时该怎么说？“王大哥，这个杯子送给你吧，装水可多了！”“孙大姐，这个杯子送给你吧，你就别把钱取走了！”这些话听起来就感觉刺耳。那如何送礼品呢？**送价值，送品牌，送内涵，送情谊**。如何设计语术？见过一个高手是这样送杯子的：“王总，您看这个杯子，猛一看其貌不扬，但这可是我们北京总行请中国工艺美术学院的大师为大客户特意定制的，他们平时都是为中央的外宾设计礼品的，这一次光设计费我们就花了不少钱，而且第一批只生产了 365 个，代表 365 天每一天都与您心心相印、心心相连。我们网点只有 3 个，第一个我就给您留好了，本来准备周末给您送到家里，赶巧您今天过来了，您赶紧收起来吧！”那没礼品又该怎么办？第六技巧是没礼品送承诺，**今天没有就明天送，物质没有就送精神**。今天没有礼品，下个月会不会有？可不可以给客户留着？如果今天没有实物礼品，那今后有没有免费的沙龙、彩蛋比赛等？哪怕是承诺今后提前打个电话，预留个车位、取个机动号也是一项增值服务。

对有硬伤的产品采用“顺水推舟”策略

有些产品存在显性弱点，但是不是就意味着只能在喜欢对比产品的客户面前甘拜下风了呢？不一定，水能载舟，亦能覆舟，优势与劣势绝非亘古不变。高明的营销人员可以在二者之间灵活转化，游刃有余，甚至借助劣势，采用一定的策略实现目标。这一策略就是顺水推舟，且看下面这个案例。

一个客户推门走进网点，看那神态，不用开口就能让人隐约地感到一丝不快。这迹象没能逃过大堂经理的眼睛，她赶紧迎了上去，满脸微笑地说：“先生，您好，请问您要办理什么业务？”面对满脸笑容的大堂经理，客户依然没个好脸色，说道：“啥也不办，销户！”大堂经理说：“好的，我先帮您取个号吧。”

取完号之后，大堂经理才问道：“先生，您为什么要销户呢？”客户这会儿好像找到倾诉对象一样，问：“我有三个网银，没见过像你们速度这么慢的网银，A 行和 B 行都很快，你们的简直就是老牛拉车，浪费了我多少时间？每次用你们的网银我就恼火，这次来直接销户，以后就不用了！”客户的坏脸色好像没有影响到大堂经理的情绪，她平静地说：“我很理解您的心情，浪费时间确实让人恼火，我们的网银速度是有些慢，别说与A行和B行相比了，全国的银行都找不到比我们更慢的了！”客户怎么也没想到大堂经理不仅不偏袒自己所在的银行，反而主动暴露，大堂经理讲完这段出乎意料的“自杀式话语”之后，客户也平静了一些。

大堂经理接着说：“您知道我们的网银为什么这么慢吗？您有没有听说过一款本田的汽车，叫作飞度。这款车的名字是什么意思呢？飞度，飞度，就是飞快地度过。日本车那么轻，您说是安全重要还是速度重要呢？其实网速都是一样的，我们的网银速度之所以慢，那是因为打开的时候，它的保护程序多，有反黑客程序、防钓鱼程序、防病毒程序等几十道防护程序，层层保护您的资金安全。您想想，是资金安全重要还是打开速度重要？别的行打开的速度之所以快，就是因为没有这么多保护程序。这样的网银呀，才是需要销户的网银，您说是吧？”

有句话是“幸福的婚姻来自正确的对比”。这句话的含义只有结婚后才能真正体会到，老是拿爱人的缺点对比别人的优点，结果是越比越难受。而拿爱人的优点对比别人的缺点，会感到无与伦比的幸福。营销何尝不是如此呢？**优秀的营销人员往往看到的是自己产品的优势，而非专业营销人员往往只会盯着自己产品的劣势**。尺有所短，寸有所长，没有百分之百完美的产品。优秀的营销人员往往善于发现自己产品的长处，也容易找到对手的短板，而要做到这些的前提则是对产品了解深入，不仅要对自己的产品了解，也要对对手的产品了解。多数银行的营销人员往往是从客户的口中了解对手，而多数客户只会告诉营销人员他行的长处，鲜有客户会用我行的长处对比他行的短处。

“知己知彼，百战不殆。”营销人员不仅要了解自己的产品，更要了解对手的产品。只有这样，才能在处理客户的异议时做到游刃有余。

◌ 感性判断

对心有所属者采用“迂回包抄”策略

经常看到理财经理愁眉不展地说：“客户把钱放在 ×× 银行，就是不转存到我这里！”每当听到这样的问题，多数人会反问：“为什么呢？”有的理财经理就说不出个所以然，只能回答：“我也不知道呀！”还有的会找出各种各样的理由：“他们存款送的礼品比我们好吧！”“客户在那个银行习惯了吧！”这些到底是自己的推测还是真实原因呢？对于心有所属的大客户，如何把他们挖过来呢？下面讲一个案例：一个大客户的妹妹在 HS 银行当行长，我们来分析一下即使这样的碉堡型客户，GS 银行的翟亚南经理是如何采用“迂回包抄”的策略进行虎口夺食的。

河南有个化工企业的老板姓苏，苏总白手起家，据说从改革开放时期，晚上下班骑着摩托车贩卖糖精开始，一直做到现在身价十几亿元。自然而然，苏总成了银行客户经理们互相争抢的香饽饽，隔三岔五地遭到各大银行营销人员的围追堵截和交叉火力的骚扰。可令人奇怪的是，无论是糖衣炮弹，还是死缠烂打，苏总就是不为所动。而他的主办银行却是网点稀少、优点不多的 HS 银行。到底是什么吸引一个资产雄厚的老板对此行情有独钟呢？经过深入了解发现，原来，这家银行的现任副行长是苏总的亲妹妹。这样的碉堡型客户，谁能把他“策反”了呢？且看 GS 银行的翟亚南是如何将客户拿下的。

翟亚南拿到客户的资料后，并没有拿起电话开始和客户约见拜访，而是先制订他的作战计划。攻碉堡不能正面冲锋，翟亚南便用起了迂回包抄的策略。

苏总经营的是一家化工企业，一定经常和政府打交道。化工企业最常打交道的是哪些单位呢？物价局、环保局、消防局、工商局、税务局……正好，翟亚南的人脉也广，从幼儿园开始，到大学毕业，再到进银行参加工作，就一直没离开过这个城市。他在这个城市里想做点儿坏事都难，熟人实在太多了。区环保局的周副局长和翟亚南就不是一般的关系，他们曾经在一个高中读书，而且是同班同学。更值得一提的是，周副局长上学时是个好学生，老实巴交的，他被学校里的坏学生欺负时，还是翟亚南出手相救的。

一个阳光明媚的中午，翟亚南吹响了他的“冲锋号”。在中州国际大酒店里面，翟亚南定了个小包厢，里面坐了三个人，除了翟亚南，还有苏总和周局长，翟亚南在酒席上只字没提揽储的事情，大家觥筹交错，谈笑风生，聊着生活中的趣事。

时间将近一点半了，周局长站起来说：“把这杯干了，我要先走一步了，局里面还有个会，时间还早，你们再聊聊。苏总是我的老朋友，翟亚南是我的同学，更是好朋友。以前上学时，我的事儿就是他的事儿。现在工作了，他的事儿就是我的事儿。亚南，难得苏总有时间，今天又这么开心，你陪着苏总再喝几杯。”说完后，周局长就离开了。小包厢里只剩下翟亚南和苏总。换成非专业营销人员，就会开始聊拉存款的事情了，但不要忘了，翟亚南可是个“老油条”了，不会做没有把握的事情，他要试探一下苏总愿不愿意帮忙，虽然他与周局长是老同学，但苏总毕竟做化工企业这么多年，环保局的上上下下还不是都熟悉得很？与周局长的私交说不定比他们的关系还铁呢！如何试探呢？

两个人干了一杯酒后，翟亚南连菜都没夹就开口说话了：“苏总，这段时间化工企业是旺季吧？”苏总回了一句：“是呀，这个行业还是有点儿季节性的。”翟亚南接着说：“那您每天都是几点钟睡觉呢？”苏总说：“不好说，基本上都是12点左右吧，管那么多事累呀！”翟亚南说道：“是呀，您企业几千号人，肯定少不了您操心的。咱们两个比起来，您睡得还是早的，我每天不到凌晨3点都没睡过觉，天天失眠！”

可能有人会想，翟亚南不是要试探吗？怎么还没有出招呢？其实上面这段话算不算试探？苏总知不知道翟亚南今天安排的饭局是什么意思？心知肚明。既然这样，翟亚南这样说完，苏总知不知道下面翟亚南想说什么？毫无疑问。哪句话可以说，哪句话不可以说，翟亚南再清楚不过了。哪句话可以接，哪句话不能接，苏总也心知肚明。如果苏总不愿意帮忙，那他会如何说呢？“我创业那会儿也失眠，有个绝招，泡泡脚，喝二两，倒头便睡，睡得可香了！”如果愿意帮忙呢？苏总笑笑说：“看来在银行工作更操心呀，怎么睡这么晚？”

而此时，苏总回答的正是后一种。翟亚南一看有戏，赶忙说：“说出来不怕您笑话，在银行上班压力山大，马上就到季末了，我的存款业绩还有 500 万元，如果完不成，恐怕就要下岗了，我愁得不得了！上周还专门跑去求了个签，您猜怎么着？竟然抽了个上上签，解签的大师告诉我说不用发愁，这周肯定有贵人相助。这不，今天就遇到您了吧！”说完后，翟亚南满脸堆笑地看着苏总。苏总也没说什么，端起了酒杯说道：“今天能在一起喝酒，这也是缘分，在家靠父母，出门靠朋友，以后大家在一起互相多捧捧场！”翟亚南听到这句话，赶忙把自己前面已经斟上酒的酒杯举起来，又拿起酒瓶将其加得满满的，双手举着，严肃地说：“苏总，大恩不言谢，啥也不说了，我干一杯！”翟亚南一仰脖子，把满满一杯酒一饮而尽。

高手过招，讲究的是手中无剑、心中有剑，走近时感受不到腾腾杀气、看不到刀光剑影，但博弈无时不在。翟亚南和苏总的聊天，谈的是江湖道义，聊的是兄弟情深，说的是互利互惠，其实，他们都有着自己的小算盘。跨国公司进入中国时，不少公司的高层管理人员有一门必修的课程，叫作“宴道”。他们发现，在中国做生意，不会应酬，不会喝酒，是要吃大亏的。有个老外还感慨地说：“在国外，喝酒是品尝酒的美味；在中国，喝酒是琢磨话的回味。”还有个老外遥相呼应，他说：“到了中国才发现，喝酒是一件很神奇的事情，能在很短的时间内，把两个陌生人搞得嘘寒问暖，如同多年至交。”

在中国，酒的含义已远远超出了饮品，是中国特有的人文气息赋予了酒更深层次的涵义，让其具备了超乎想象的价值。如果我问一个问题：“理财经理先生，你会喝酒吗？”你说：“我能喝一斤。”我依然会问：“你会喝酒吗？”

对惯性拒绝者采用“暗度陈仓”策略

在金融产品营销中，最常见的拒绝恐怕非惯性拒绝莫属了，这是一种非理性拒绝。当客户听到产品或服务时，往往不假思索就拒绝了，何类产品最容易遭受这样的待遇呢？多数人第一个想到的就是“保险”。很多客户一听到保险就会说：“我不买，保险都是骗人的！”这也许代表了多数人内心的想法。

其实，保险并不是坏东西，但为什么会得到这样的评价？有两个原因：往远了说，保险当初进入中国时，监管者管理无章可循，从业者素质良莠不齐，不乏急功近利者欺骗客户的行为，才导致今天的恶名远扬。往近了说，这些年银行代理保险之后，多数营销人员缺乏营销技巧及产品知识，在营销银行保险时不约而同地把卖点放在了收益上。而这几年银保产品收益波动，个别产品的收益还比不上定期，导致客户对保险不满，对银行的信任也随之缺失。如何解决？打铁还需自身硬，抛弃推销思维，把金融产品当作解决客户难题的工具，也许能带来转机。

对曾经亏损者采用“金蝉脱壳”策略

除了保险产品之外，还有一种棘手的情况难以处理，就是在营销人员手中购买的产品出现了亏损，这种情况该如何处理呢？其实说句心里话，目前我也没有找到完美的处理方式能够让客户立马喜笑颜开，毕竟让一个遭受了痛苦的人立马破涕为笑是有一定难度的。处理亏损客户遇到的问题的时候，虽然客户都是怒气冲冲的，但营销人员一定要凭经验判断客户是不是讲理的人。对于那些能够沟通的客户，可尝试“金蝉脱壳”的策略。这是一个死马当活马医的方式，希望能够给为这个难题而感到苦恼的营销人员提供一个参考思路，毕竟“战胜不复，而应形于无穷”。

“金蝉脱壳”策略是由三个步骤组成的，分别是**先发制人，叫苦连天，顺手牵羊**。一气呵成的这三个步骤是如何实现的？且看理财经理涂宏是如何应对债基亏损的李大哥的。

当看到李大哥满脸愁容地来到网点时，涂宏就开始有了揪心的感觉，他清楚地知道向李大哥介绍的债券基金，当时基金公司承诺收益可以达到5点多个百分点，但现在连2%都不到。既然来了，躲是躲不过去了，硬着头皮上吧！涂宏赶忙迎了上去，把李大哥请到了理财室。

涂宏：“李大哥，您平时最爱喝红茶了。我前几天去英德出差，他们的红茶是出口到英国的，我专门买了一些，就等您过来尝尝呢，我给您冲一杯！”

李大哥：“别倒了，不喝！”

尽管这样说，涂宏还是泡了一杯红茶，双手捧着，将其放在了李大哥前面，不等李大哥开口，他就讲话了。

第一步：先发制人

涂宏：“李大哥，我知道您今天为什么来，按说我早就应该去登门找您了，就是怕您太忙了。您购买的产品，目前收益还比不上定期，毕竟当初是我向您介绍的，对于这件事，我感觉特别不好意思，不知道该如何见您，给您买的红茶都不好意思送过去，这段时间我很内疚，好多天都没有睡好觉！”

李大哥：“本来我要存定期，你非说定期没有基金灵活，而且收益高，我听了你的话，买了基金，当初你说的是年化收益达 5%，现在倒好，还比不上定期，比当初你们承诺的少了 3000 元，你说应该怎么处理呢？”

第二步：叫苦连天

涂宏：“李大哥,您是不知道,这段时间我都愁死了。您知道吗？当初我很看好这个产品，您买了 10 万元，我就是没钱，如果当时我有钱的话，就全部取出来去买了。后来，我姑父正好有笔 30 万元的定期到期了，他问我买什么产品收益不错，我也知道推荐产品是有风险的，毕竟都是亲戚，我还能不告诉他吗？就向他介绍了这个产品，他一下子就把这 30 万元都买成基金了。现在倒好，他损失都快 1 万元钱了，我们两家这么多年关系都不错，这下子，我姑父逢亲戚就说我专拣自己人坑，说我是为了完成自己的任务，每次见面都说风凉话。上次喝酒喝多了，还要和我翻脸呢！现在很多亲戚见了我都是躲着走，生怕我骗他们的钱一样！我心里可苦了，在银行工作容易吗？赚钱了亲戚都说我好，赔钱了亲戚都骂我坑人，我心里的委屈到哪里去说呢？李大哥，当初您之所以信任我，也是感觉我人靠谱，这么多年向您介绍的产品都挺不错，您才会买基金，您说是吧？都怨我辜负了您对我的信任！如果发火能让您消气，您有什么火就对我发好了！”

先不管这番话是真是假，涂宏说得情真意切，让人听了不免产生同情。他借助亲戚买理财的过程，旁敲侧击地透露出“我是建议者，您是决策者”的含义，最后还主动承认错误，让李大哥对自己发火消气。这下子李大哥也不知道说什么好了，但还是说：“发火有什么用，钱能回来吗？”

第三步：顺手牵羊

李大哥的话刚说完，涂宏就接上了："李大哥，没错，发火是解决不了任何问题的。这件事情千错万错都是我的错，都怪我轻信了基金公司的承诺，当初他们可是拍胸脯向我行保证收益 5% 以上的，我才相信的，我也是被他们坑了。这次我欠您一个人情，以后您在我行有什么需要我做的，我会全力以赴地帮您的忙！听说明年您准备换房子，到时候房贷的事情我一准不让您操心，全程帮您办好，怎么样？"

李大哥说："到时再说。"

涂宏说："李大哥，咱们也是老朋友了，刚才您问钱能回来吗，我其实一直在想怎样才能让您的钱回来一些，减少您的损失，您愿意听听吗？"

李大哥不冷不热地问："怎么回来呢？"

涂宏说："债券基金号称家庭理财的避风港，之所以这样说，是因为它的抗风险能力非常强。2008 年，股市出现大幅震荡，而债券基金一半以上实现了正收益，且债券基金流动性强，比较灵活。近期的股市情况您也知道，多数人对其抱的信心不大。从专业角度看，债券基金是家庭资产配置的一个关键产品，所以我才向您推荐。但即使这样，它也是有升有跌。2013 年的债市调整的主要原因是 6 月中下旬银行间市场流动性紧张，资金价格大幅攀升，债券收益率上行，从短端传导到中长端，成为债市调整的导火索。这还不是互联网金融的各种'宝'给闹的？不过政府已经开始重视，预计很快会有监管文件出台，到时候情况也许会发生变化。所以，第一种建议是您等等看，等收益高的时候再赎回。如果您不想等，我就给您第二种建议，您现在的收益是 2% 左右，还好没有跌破净值，有的客户买的债基都已经为负了，比您亏得更大。我可以让您 2% 的收益变成 5.2% 的收益，而且没有风险，您看您是选择第一种还是第二种？”

李大哥说：“我不想等了，调控房价都等了这么多年，谁知道这次的政策有没有效果？你有什么办法让我的收益变成 5.2%？”

涂宏说：“最近行里有一款针对大客户发行的专属理财，收益是 5.2%，为期 3 个月。这么高的理财可不是轻易就能找到的，而且额度不高，后天开始发行，很多客户都等着抢呢！”

话刚说完，李大哥说话了：“又让我买你们的产品呀，不买了！”

涂宏说：“李大哥，我知道您心里有气，即使您再生气，也不要和自己的钱过不去，您说是吧？毕竟您也希望收益能高一些，现在是半年冲刺的阶段，是一个难得的机会。如果错过了这期，那后面的收益就开始降了，恐怕我也帮不上您了！”

李大哥说：“我知道你们的理财，说明书上也从来不写上保本保收益，谁知道会不会再赔钱？”

涂宏说：“您说得没错，就是因为没有写保本，我们才会有这么高的收益。因为根据《巴塞尔协议》，如果理财协议上注明保本，就需要交保证金，这就会降低可投资资金的回报，客户的收益会受到影响。虽然没有写保本，但您看投资的标的，投资的标的是银行间的协议存款，协议存款是 100% 不可能出现亏损的，所以理财协议上就没有必要注明保本再让客户的收益受影响了。您看看我们以往的收益，这么多年了，还没有出现一期没有兑现的呢，您就放心吧！”……

………要点回顾………

理性分析

· 对价格偏高的产品采用“围魏救赵”策略

· 对收益过低的产品采用“偷梁换柱”策略

· 对有硬伤的产品采用“顺水推舟”策略

感性判断

· 对心有所属者采用“迂回包抄”策略

· 对惯性拒绝者采用“暗度陈仓”策略

· 对曾经亏损者采用“金蝉脱壳”策略

交易促成

情景案例

以退为进的定投营销策略

下午的大堂，客户不算太多，等候区零零散散地坐着八九个客户，无精打采地等候着办理业务。一个二十多岁的小伙子却站在了海报前聚精会神地凝视着，这花花绿绿的海报宣传的是最新的基金。大堂经理甘磊走了过去，寒暄道："在看宣传呀？"小伙子看了大堂经理一眼，用鼻子"嗯"了一声。

接下来，甘磊会如何开口呢？营销第一步是吸引客户的兴趣，甘磊深谙此道，他说："您眼光真好，看您看得这么认真，您怎么知道这是我行最热销的产品呢？"这句话刚说完，小伙子就满脸迷茫地看着大堂经理说："我不知道呀！"甘磊说："您不知道呀？太巧了，正好这会儿我不太忙，我给您介绍一下吧！"没等小伙子说话，甘磊就开始介绍起这款基金来。

甘磊把产品讲解得深入浅出，又是拿数据，又是举案例。小伙子也听得津津有味，不断地点着头。营销人员最善于察言观色了，能看出他对基金这种高风险高收益的产品还是很有兴趣的。最后没等甘磊开口，他就问了："我也感觉现在你们银行的存款利息太低了，这个产品不错，刚开始买多少钱的合适呢？”甘磊看到小伙子已经渐入佳境了，就一本正经地说道：“如果您愿意听我的建议，最好先购买5000元的基金试试看。”听完这话，只见小伙子开始有点儿面露难色了，他嘴里嘟囔了一句：“要这么多呀？”

其实，我们都知道，基金从1000元就可以起购，甘磊为什么要说5000元呢？他葫芦里卖的什么药呢？小伙子的表情被甘磊看得一清二楚，他对小伙子的内心想法再清楚不过了：刚参加工作不久，别说积蓄了，能不月光就不错了，一下子拿出5000元确实有点儿困难，那甘磊为什么还要说5000元呢？这是因为他准备放长线。

甘磊说：“是不是感觉一下子拿出5000元买基金心里有些不踏实呢？”他并没有揭露小伙子的窘境，而是换了种方式试探。结果小伙子说：“我刚工作不久，一下子拿5000元还是有点那个的。”看来甘磊猜得没错，小伙子没钱，但是即使这样，是不是就意味着没有营销机会了呢？

甘磊微笑着说：“银行是个看似风光的工作，但其实一样悲催。刚参加工作那会儿，我做柜员，也是个‘月光族’，您的心情呀，我特别能体会！”说完后，与小伙子相视一笑，甘磊接着说，“只不过后来谈了女朋友，就开始为以后打算了，不能老是这样，攒不下钱来怎么办呢？后来我找到了一个好办法，总算是慢慢有了积蓄。”说完这句话后，甘磊并没有着急说下去，而是看了看小伙子，只见小伙子眼中充满期待地看着甘磊，仿若甘磊就是他未来的积蓄一样。

甘磊问道："您是不是感觉基金门槛有点儿高，而且有一定的风险呢？"小伙子点了点头。甘磊说："既然您认同基金这个产品，那如果有风险比较低，而且只需要300元左右的产品，是不是就比较适合您了呢？"小伙子说："如果真是这样，那我还是能挤得出的。"甘磊说："我有个好办法，能够让您尝试到理财的效果，而且还能够让您有计划地积累一笔钱！让您以后春节回家孝敬爸爸妈妈或以后谈朋友时有一笔储蓄。从此告别'月光族'，您看好不好？"小伙子有点迫不及待地想知道，他问道："是什么办法呢？"

甘磊这个时候才说出："就是我们的基金定投……"

请思考一个问题，在甘磊看到小伙子的一瞬间，他内心是不是已经规划好要营销的产品呢？他为什么要先推荐基金再推荐定投呢？这一切也许只有一个目的——成交。为了能降低客户拒绝的概率，更好地促成交易，甘磊用了一招声东击西的策略——一招鲜吃遍天，显然不适用于营销。面对形形色色的客户，该如何更加有效地促成交易呢？

先来解释下异议处理环节与交易促成环节有什么区别。在异议处理环节，客户的心理特征是对产品或服务不接受；而在交易促成环节，客户的心理特征是已经接受或认可了服务及产品，但还没达到立马成交的状态，此时就需要交易促成了。怎么辨别客户是处于哪一个环节呢？先来看一下进入交易促成环节的三大信号。

◌ 进入交易促成环节的三大信号

听

客户认真地听取产品介绍，不断地点头，并且对产品没有表示出明显的异议或拒绝。

思

客户认真地阅读产品资料，或盯着产品沉思，还有个别客户会使用手机等工具百度相关信息。

问

客户询问成交后的细节问题，比如金额、时间、类型等。

这些行为的出现预示着客户已经认同了产品与服务，此时，离成交只有一步之遥了，这一步就是交易促成。客户之所以难以做出成交决策，可以归纳为四种情况：第一种是犹豫型，缺乏做出决定的勇气；第二种是光鲜型，缺少达成交易的实力；第三种是精明型，没有进行同业的比较；第四种是贪婪型，渴望增加议价的筹码。针对这四类客户，该如何出招呢？下面进行具体讲解。

◌ 四类客户的促成策略

犹豫型——缺乏做出决定的勇气

性格八分来自先天，二分来自后天。之所以说“一岁看小，三岁看老”，是因为性格决定格局，格局决定命运。可以说，民众普遍缺乏客观的分析与理性的判断，更缺乏决断的魄力。这种性格在理财产品营销中不止一次出现，客户明明已经很认可产品了，也很希望能够拥有，但就是犹犹豫豫地难以做出购买的决定。营销人员在此时应该做些什么呢？

应对策略：假戏真唱——营造成交之后的景象

非专业的营销人员看着纠结的客户，自己也会抓耳挠腮，甚至硬性推动客户做决策："你就听我的吧，一准没错，这产品收益可好了！"而专业的营销人员此时正在采用"假戏真唱"的策略。

定投促成语术示例

非专业营销人员："小孙，您就买了定投吧！"

专业营销人员："小孙，您是 5 日发工资吧，假设您开设了定投账户，您是希望 8 日转存，还是 10 日转存呢？8 这个数字挺吉利的，我们就定在 8 日转存，您看好不好？"

金条促成语术示例

非专业营销人员："王姐，这金条现在不多了，买的话可是要抓紧呀！"

专业营销人员："王姐，您衣服比较淡雅，您是不是比较喜欢淡一点儿的颜色呢？如果您买了这个金条，还有个精美的盒子为您包装起来，一种是红色，看起来大吉大利，一种是黄色，显得雍容华贵。王姐，您看我用黄色的盒子给您装起来好不好？"

基金促成语术示例

非专业营销人员："屈大哥，您要是买的话，我送您礼品好不好？"

专业营销人员：“屈大哥，这周正好在搞活动，认购了这个产品后，一套礼品是紫砂茶具，一套礼品是床上用品。屈大哥，您是要茶具还是床上用品呢？”

光鲜型——缺少达成交易的实力

无论承认与否，“嫌贫爱富”是银行业的特点之一。这个习惯在某种程度上会出现“以貌取人”的状况，不少衣着光鲜的客户，却囊中羞涩，缺乏购买产品的实力，遇到这种情况的时候该如何处理？

应对策略：以退为进——顺势推出匹配的产品

这种高抛球手法被不少精明的商家利用，作为银行营销人员，岂能无动于衷？营销人员可以先向客户推荐高于本身实力的产品，当得到客户的认可后，能成交固然更好，如果不能成交，则与客户确认其兴趣，进而降格推出更加适合的产品，可以有效提高成交率。做不了信托就买理财，买不了理财就买黄金，买不了黄金就买基金，买不了基金就买定投。只要是对金融感兴趣的客户，都不要轻易将其放走。下面提供一些参考语术。

“您看既然您对黄金这么有兴趣，说明您还是有很强的投资意识的，这可真是太难得了。现在很多人还停留在把钱放在储蓄的阶段，未来的社会一定属于有远见卓识者，您今后会有更大的成就！”稍作停顿后，说，“只不过金条的价格确实不低，也许不太适合现在的你。但既然您有投资的兴趣，何不考虑一下比金条投资金额低，而且更加方便灵活的纸黄金呢？相比而言，这个产品更适合您！”

精明型——没有进行纵向比较

有没有这样的人，买瓶酱油都会跑三个超市比较一下？也许这样的人不多，但买理财产品会比较三五个银行的人一定大有人在，这就是精明型客户。遇到这样的客户该如何应对呢？总不能眼睁睁地看着客户跑到斜对面的银行吧？

应对策略：以理服人——提供理性分析的证据

应接不暇的工作、五花八门的产品往往会让理财经理忽略了对对手银行产品的了解。如果理财经理能够走到客户前面，提前把分析比较的工作做好，即使遇到不利的因素也没有关系，最终，我行仍然会占据有力的局势。毕竟理财产品所需要比较的不仅仅是收益，还需要比较起息、风险、标的、周期等因素。如果我行收益高就比收益，如果不高就比起息，如果起息相同就比风险，如果同是保本浮动收益就比周期，等等。建议理财经理每周制作一张周边银行同类产品的纵向对比表，想到客户前面，把精明型客户关心的内容摸个一清二楚，通过专业分析来留住客户。提供以下参考语术。

“孙大哥，我知道您在投资方面经验比较丰富，您肯定希望了解一下这附近几个银行同类产品的情况，我都帮您打听好了。隔壁的 GS 银行，同样是 40 天，收益比我们低了 0.4 个百分点，您肯定看不上。XY 银行这一期比我们有优势，高了 0.5 个百分点，只不过他们的存量客户没有我们多，募集期会比我们晚一些。多了不说，只要晚 7 天，您算一下日均收益，还不如我们高呢！往前再走两步的那个城商行，收益也比我们高，不知道您有没有看过他们的协议呢？可是没有写保本呀！您想过没有，小银行毕竟风险控制能力有限，到时候，您的本金赔得一分钱不剩，您都没办法追究他们的责任，毕竟没有写保本。孙大哥，我们的收益虽然不是最高的，但风险在可控制范围内，而且马上就要开始起息了，综合比较起来还是挺合适的。孙大哥，您看您是买 20 万元还是 30 万元呢？”

贪婪型——渴望增加议价的筹码

明明我们很有优势，但是客户还会讨价还价，怎么办呢？“孙经理，对于你们的储蓄，我感觉一般，比不上其他银行！”专业的营销人员一听就心知肚明，继续问客户：“您感觉他们哪里比我们好呢？”“你看看人家的银行，10 万元存款就可以送体检卡，你们啥也不送！”这种情况肯定不是第一次遇到吧？即使有礼品也不一定很好处理，除非比对手的礼品更有吸引力。如果我们连礼品都没有，又该如何处理呢？

应对策略：从无到有——寻找打动客户的利益

非专业营销人员只能看到自己的短板，而专业的营销人员则善于发现对手的短板。首先要摸清楚对手的状况，寻找他们的弱点，降低对手礼品的吸引力，稀释客户的期望值。同时，对于自己没有礼品的状况，营销人员该如何安抚客户呢？请思考：现在没有礼物不等于今后没有礼物，没有物质礼物不等于没有精神礼物，从价值层面考虑，反而无形的礼物价值会远远高于有形的礼物。也许下面的参考语术能够给银行营销人员带来点启发。

“俞姐，您说得没错，他们是可以送一张体检卡，您的消息真灵通！只不过您也知道，10 万元储蓄银行的收益也不够一张正规的体检卡呀！这样做银行岂不亏大了？他们这张体检卡是仁普药业与医院一起发行的，仁普药业补贴了一部分，所以银行才能以很低的价格拿到。那您说仁普药业会不会白白地出这个钱呢？肯定不会，他们希望您体检完之后能够买他们的药。到时候，您每天会收到无休止的推销电话，而且他们还会上门向您介绍他们的药品，您说这样烦不烦？

“您别看这次储蓄虽然现在没有礼品，那是因为我们的礼品是很值钱的，价值 800 多元！您说咱们这么努力地工作，还不是为了孩子？孩子的教育问题才是大问题！我行计划在 6 月 1 日做一个活动，把很有名的‘知心姐姐’请到咱们市，向大客户分享子女教育的最新研究成果。‘知心姐姐’可是国内知名的教育专家，我们请了三次她才挤出了‘六一’儿童节的时间。平时听她讲座收费可贵了，一个人就要 800 多元呢！这次的讲座，只对普通客户收费，而大客户是免费的，这不等于我送了您 800 元的礼物吗？而且平时哪儿有这机会呢？花钱都买不到！说定了，到时候我争取给您留一张门票；如果我争取不到，就自己出钱帮您买张门票，好不好？那您就不去城商行了吧？”

……

………要点回顾………

进入交易促成环节的三大信号

· 听　· 思　· 问

四类客户的促成策略

· 犹豫型——缺乏做出决定的勇气

· 光鲜型——缺少达成交易的实力

- 精明型——没有进行纵向比较
- 贪婪型——渴望增加议价的筹码